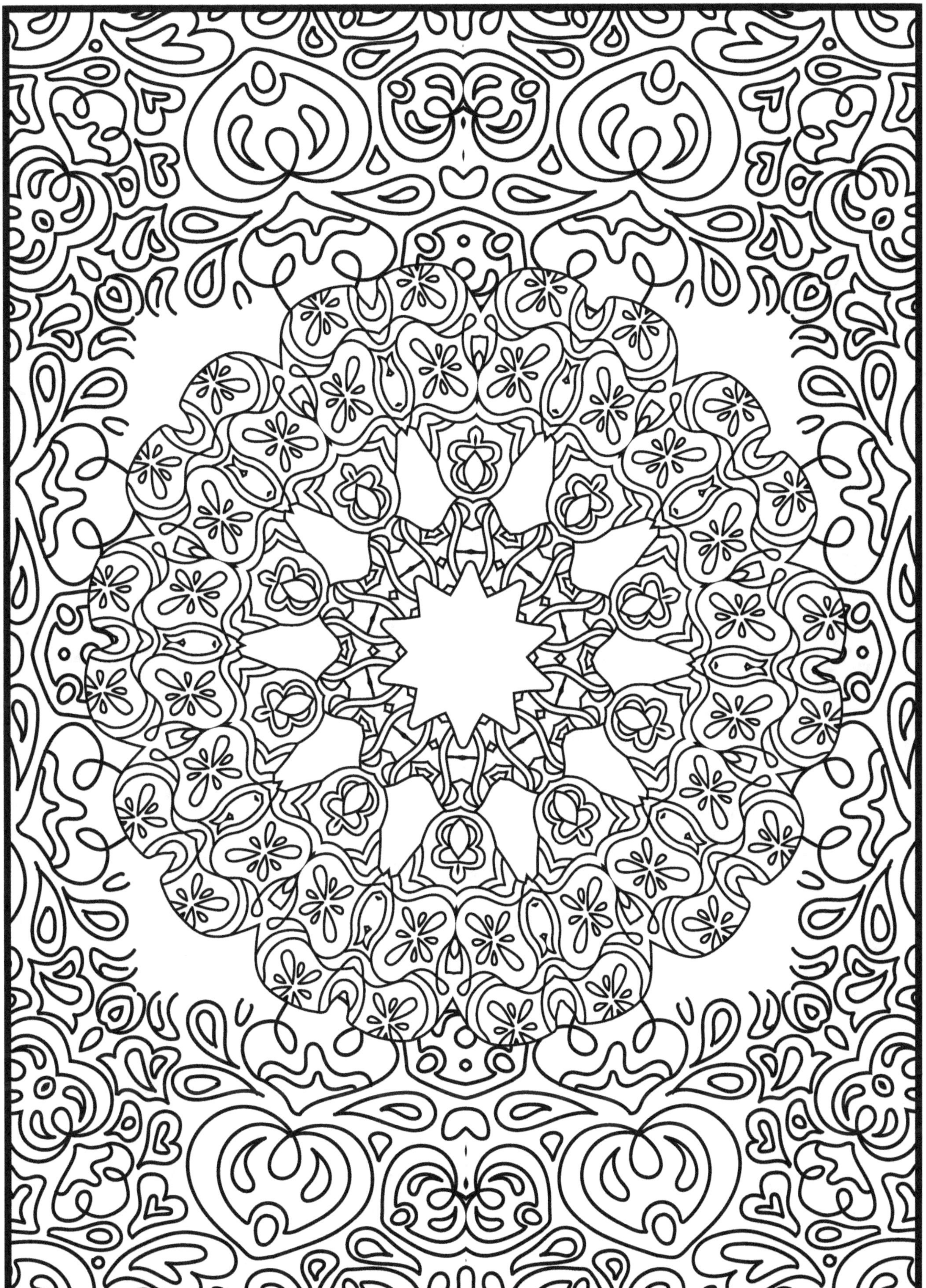

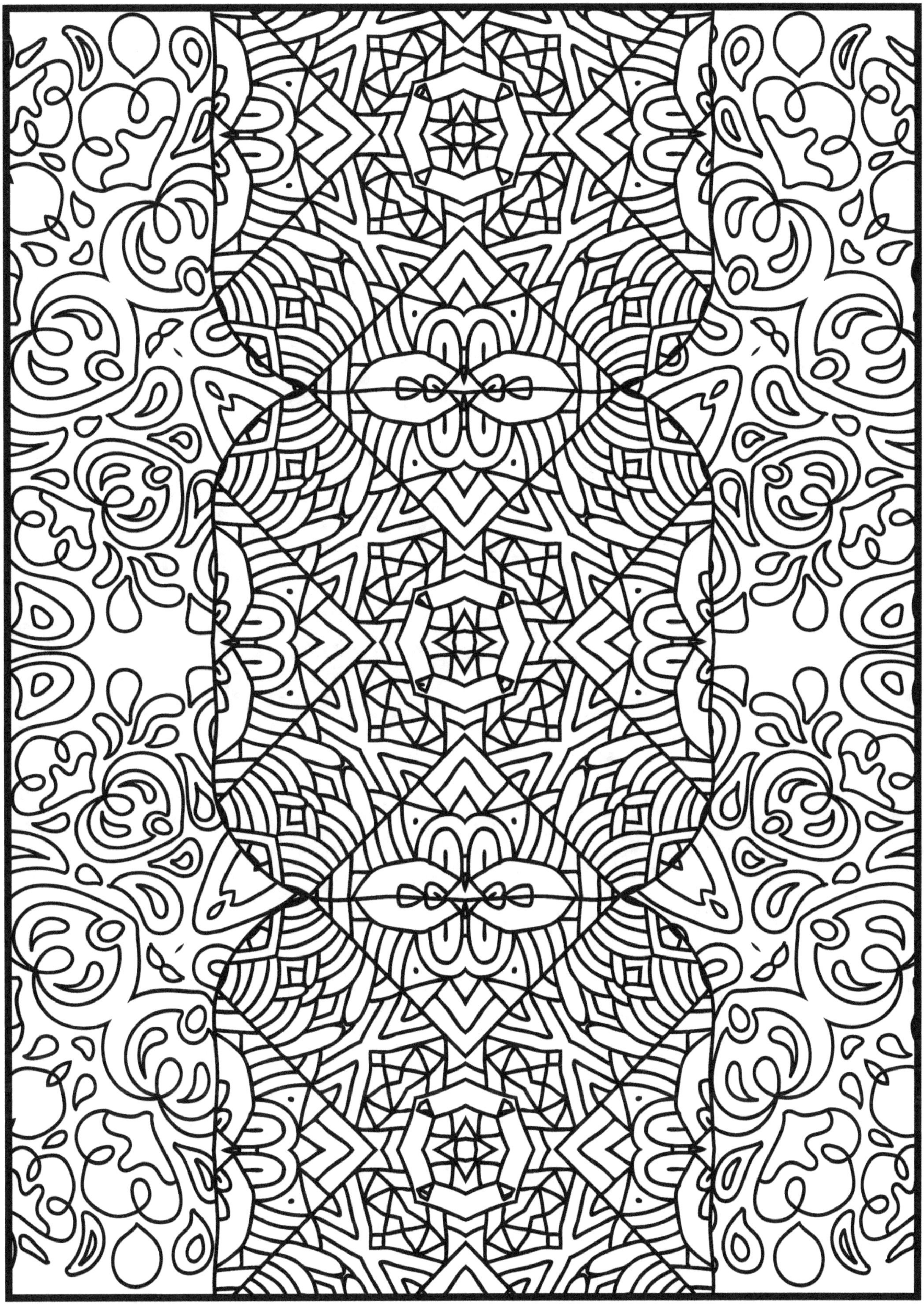

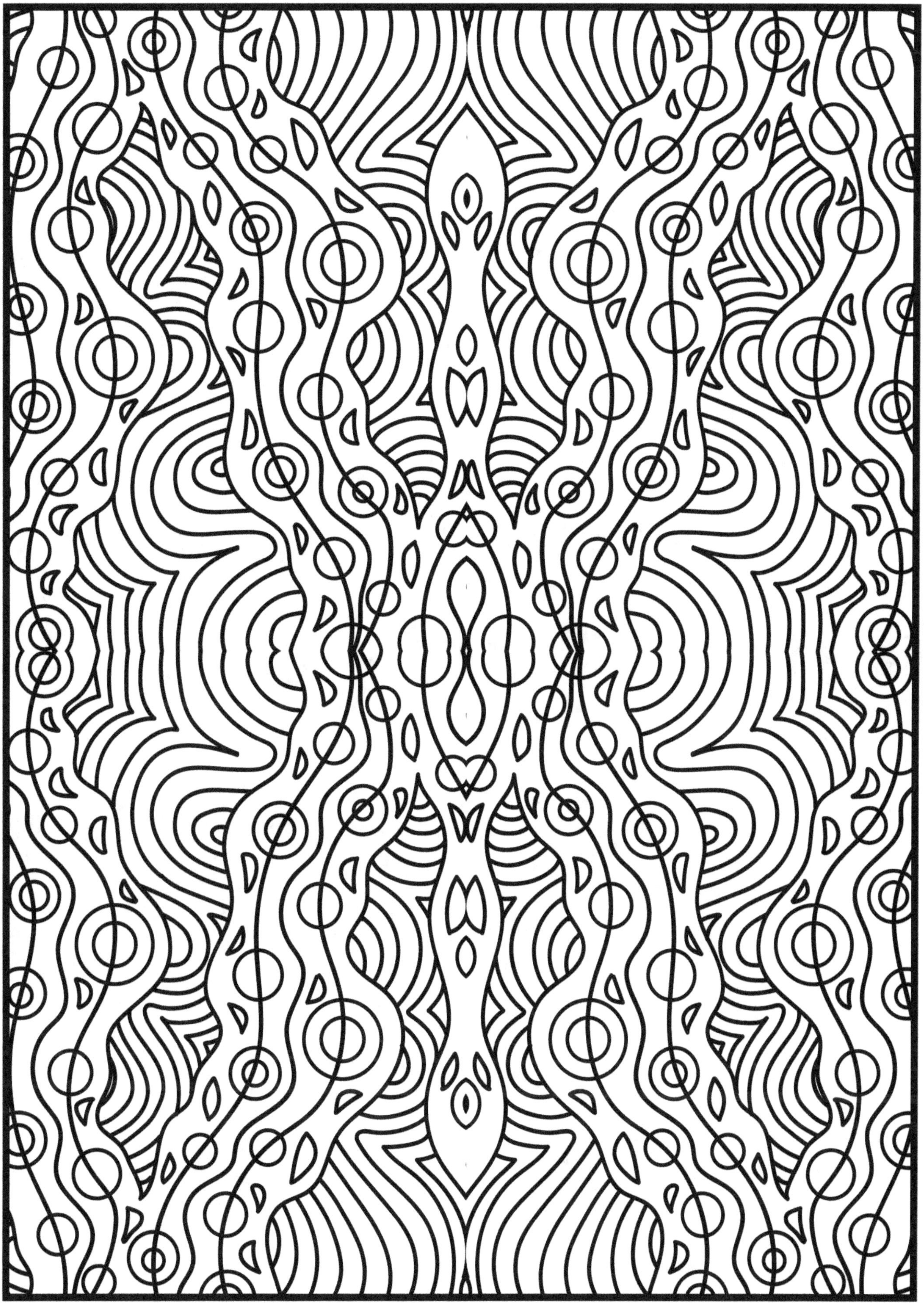

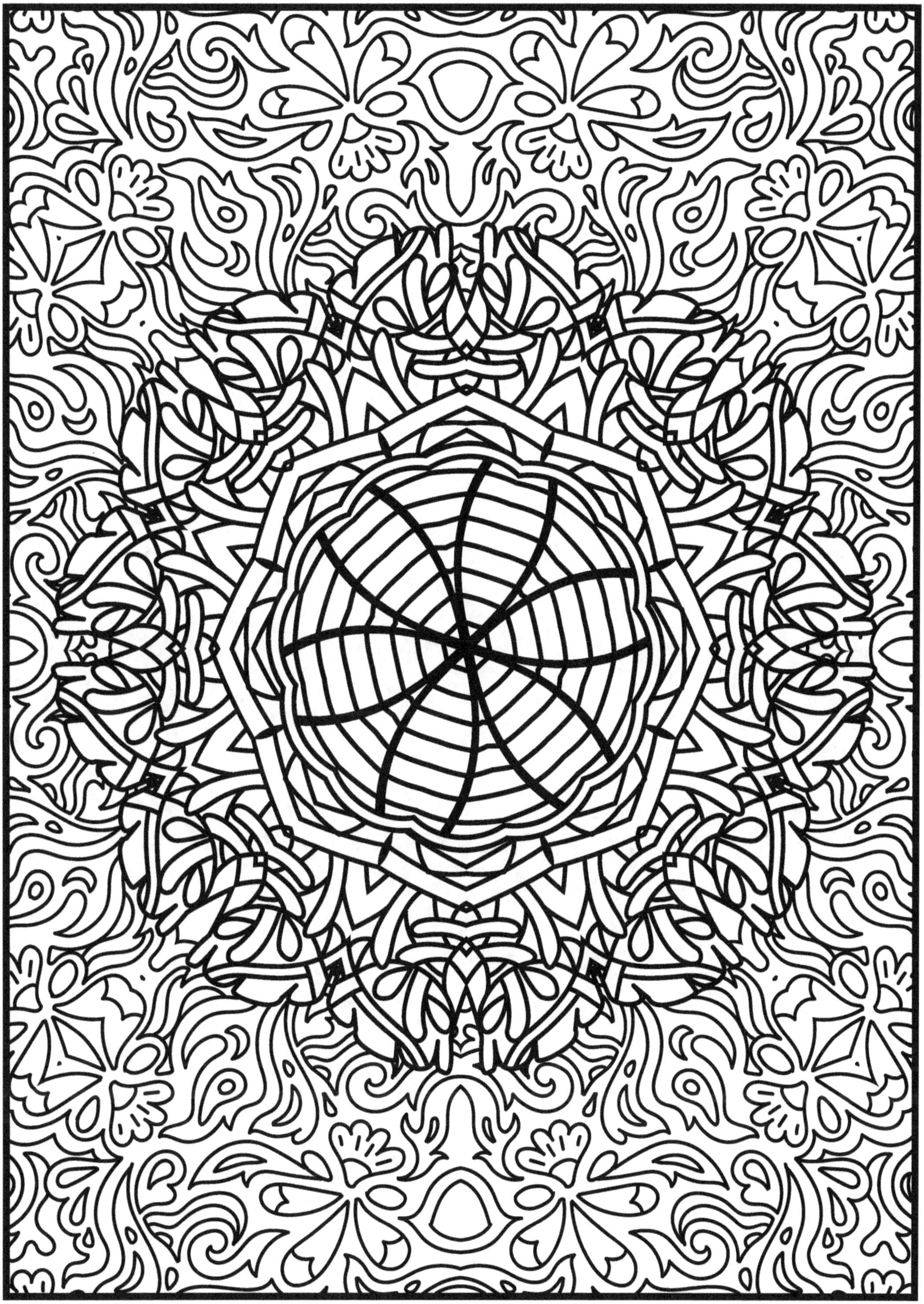

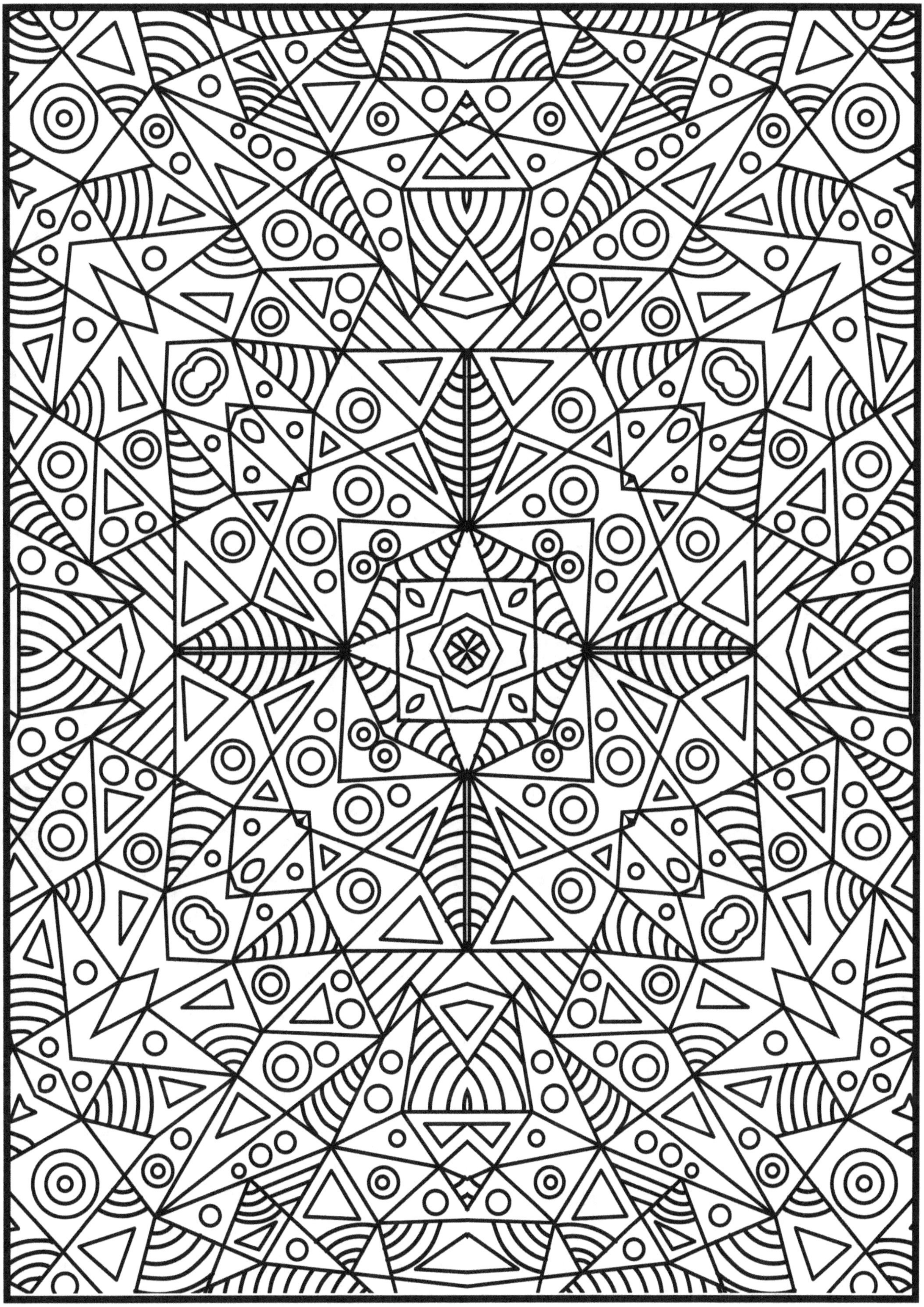

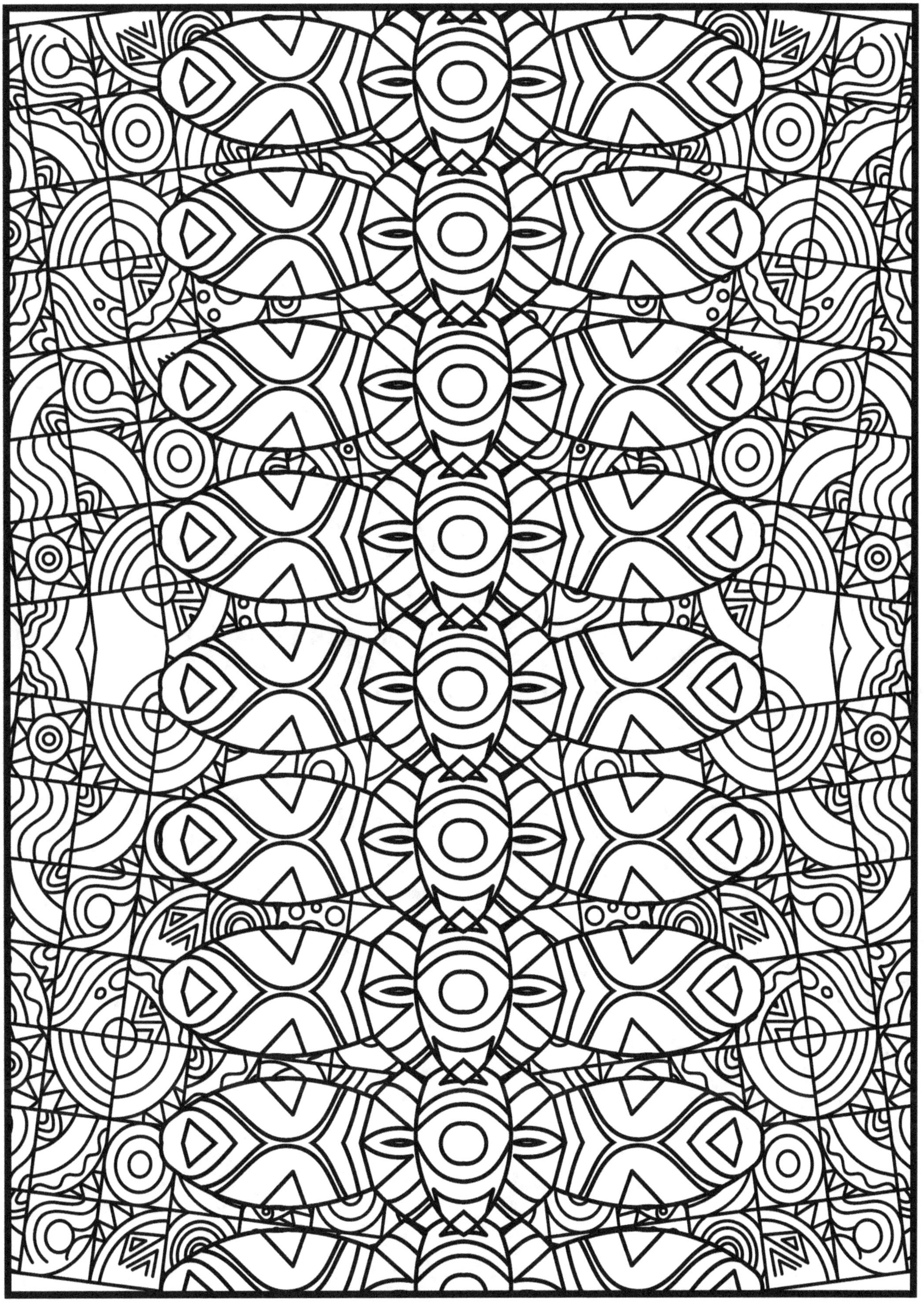

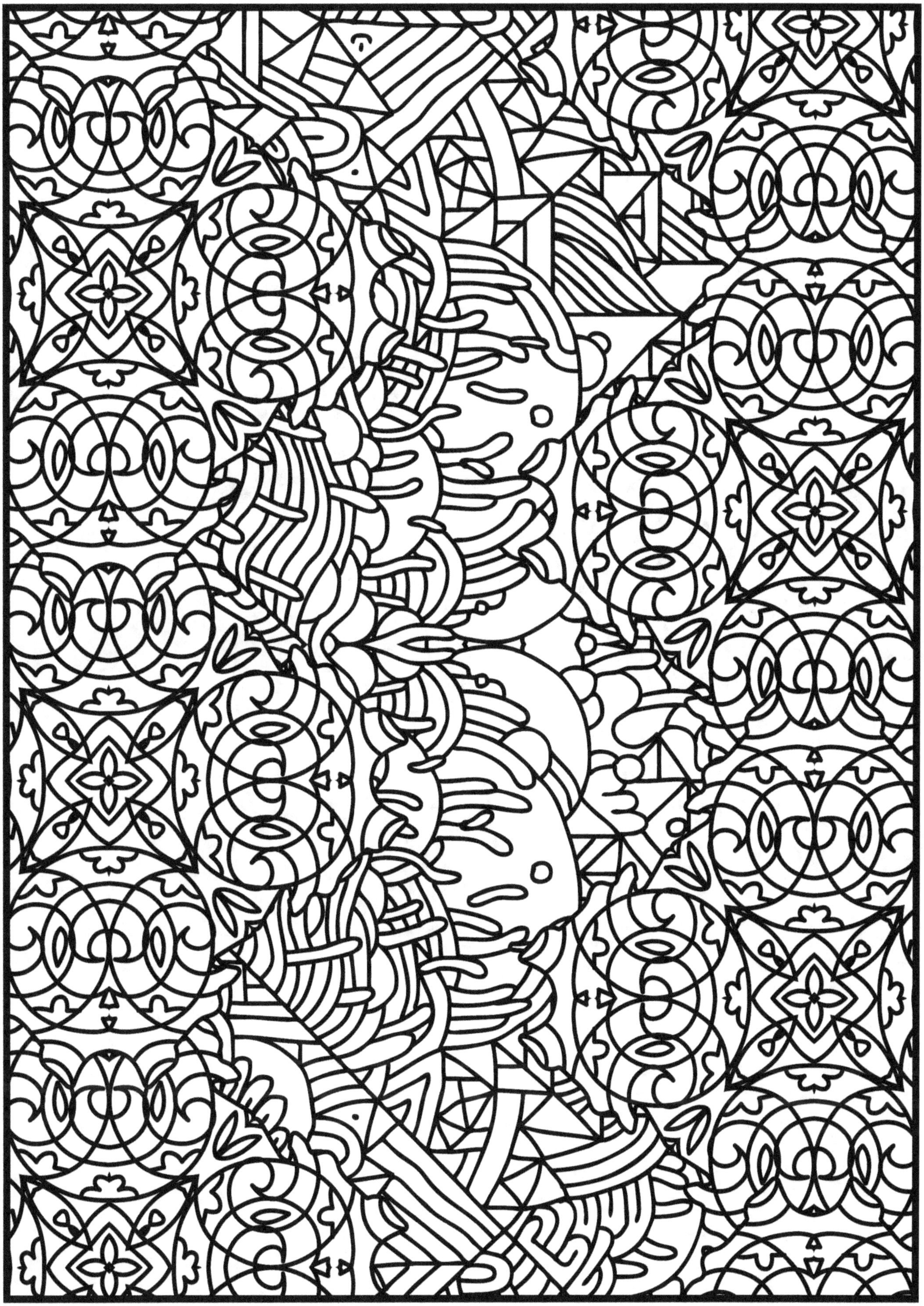

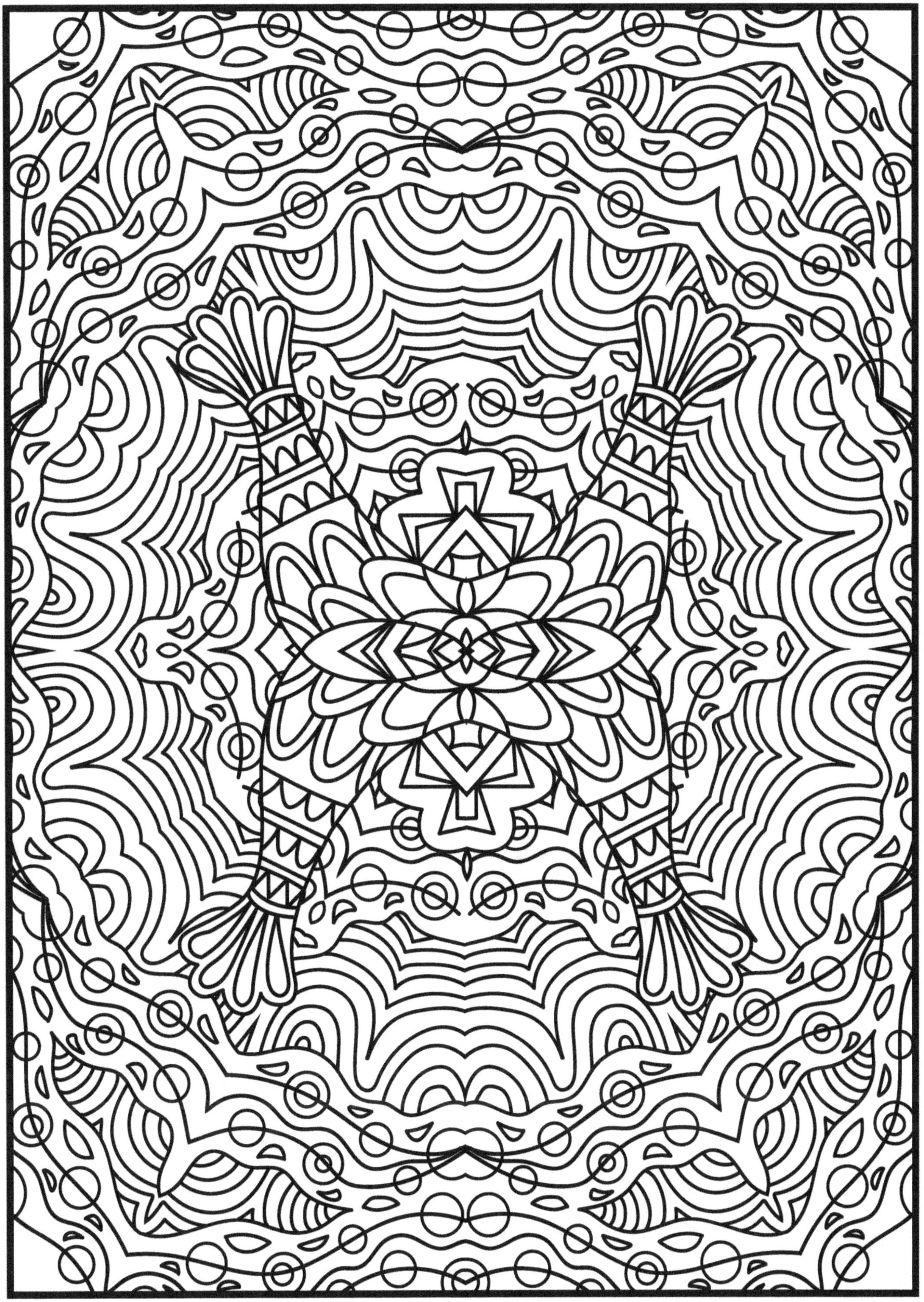

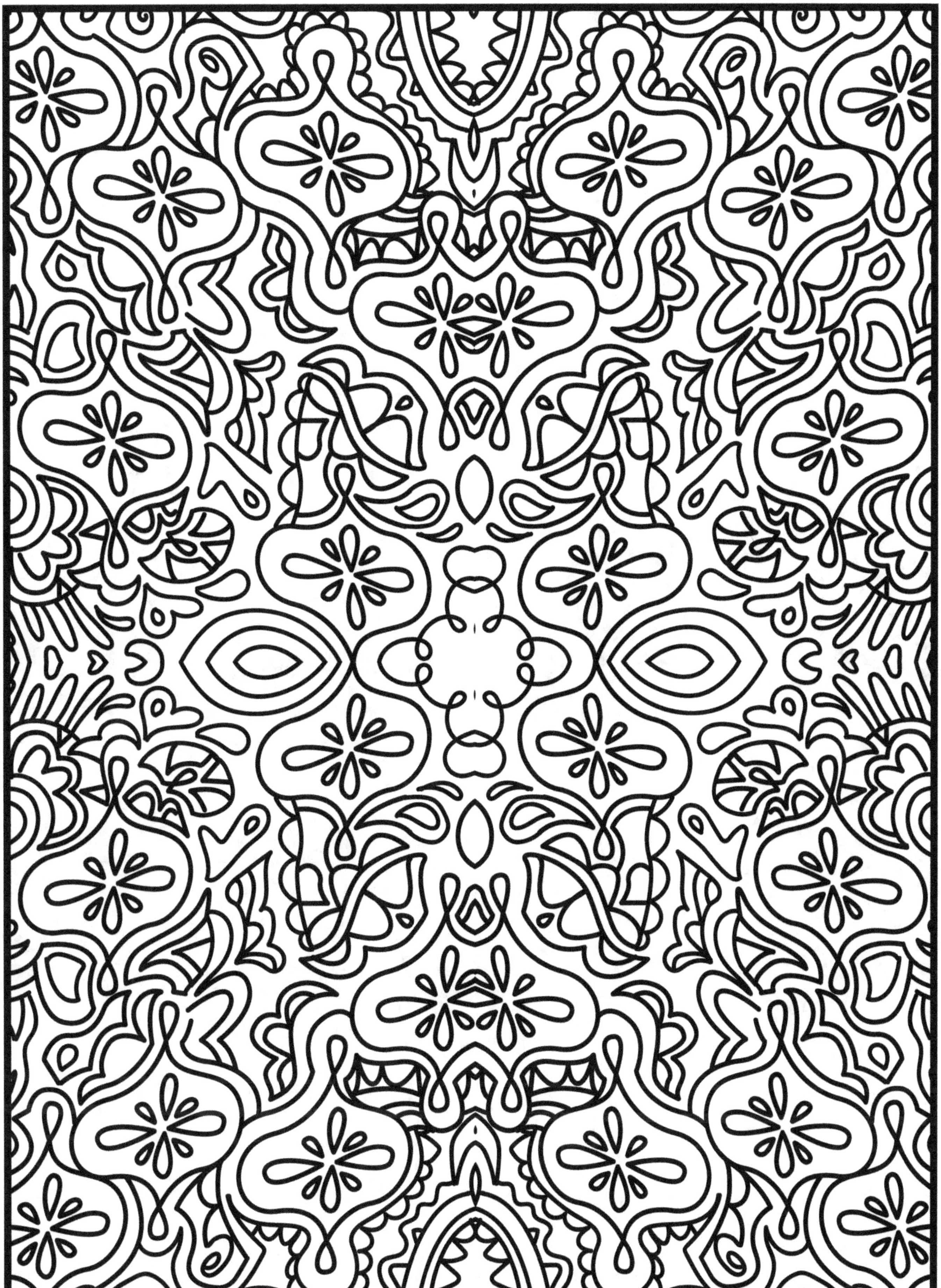

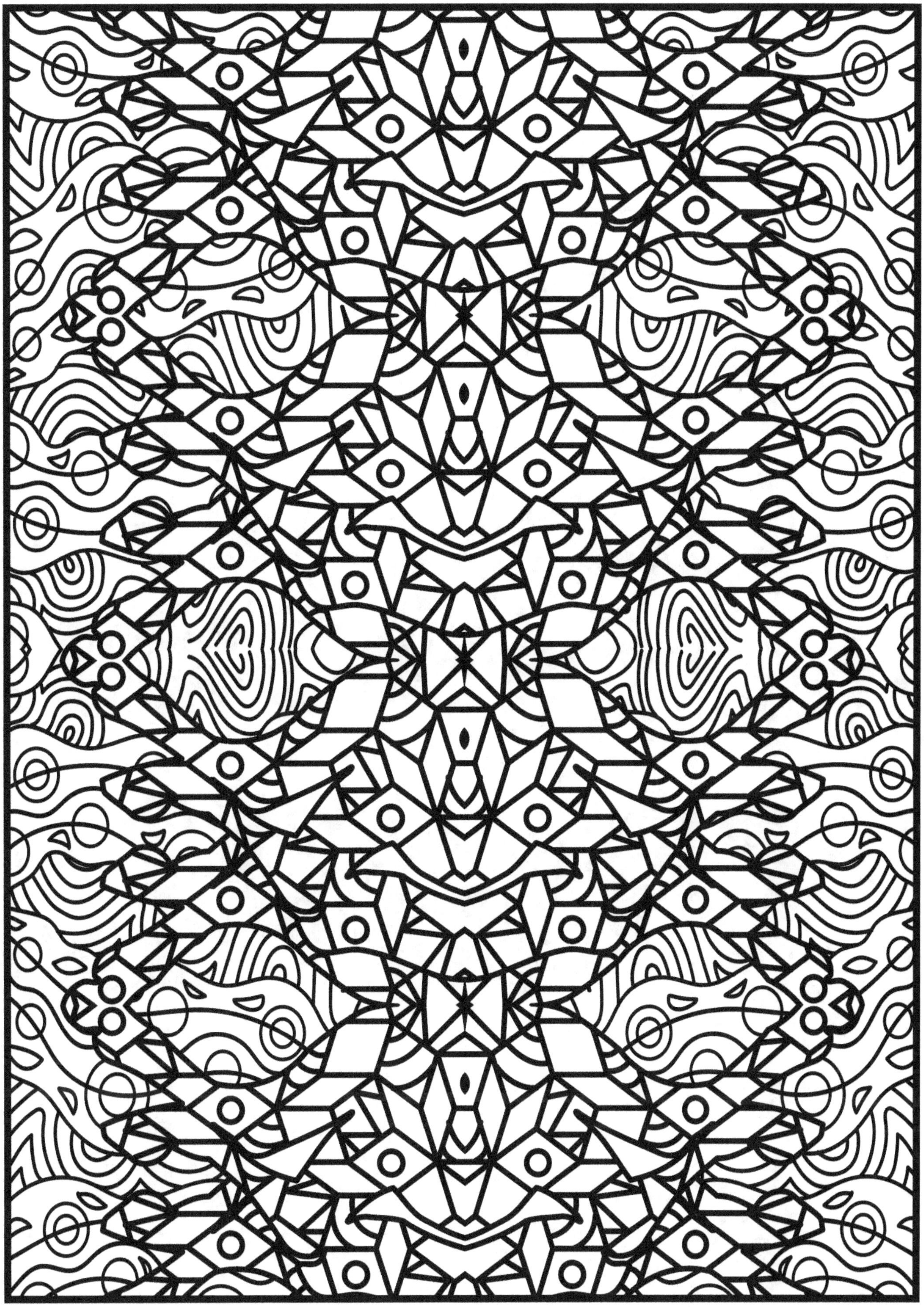

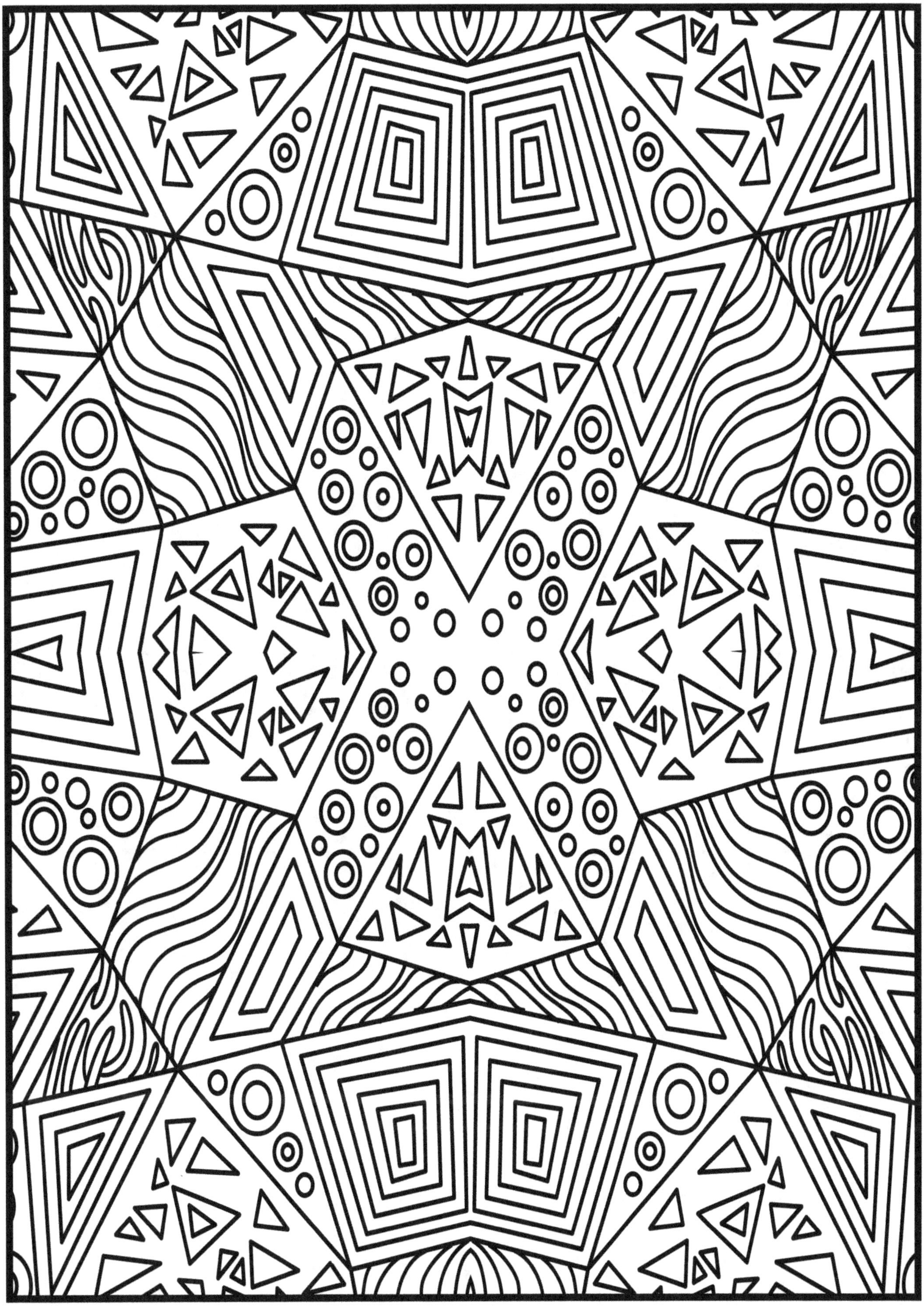

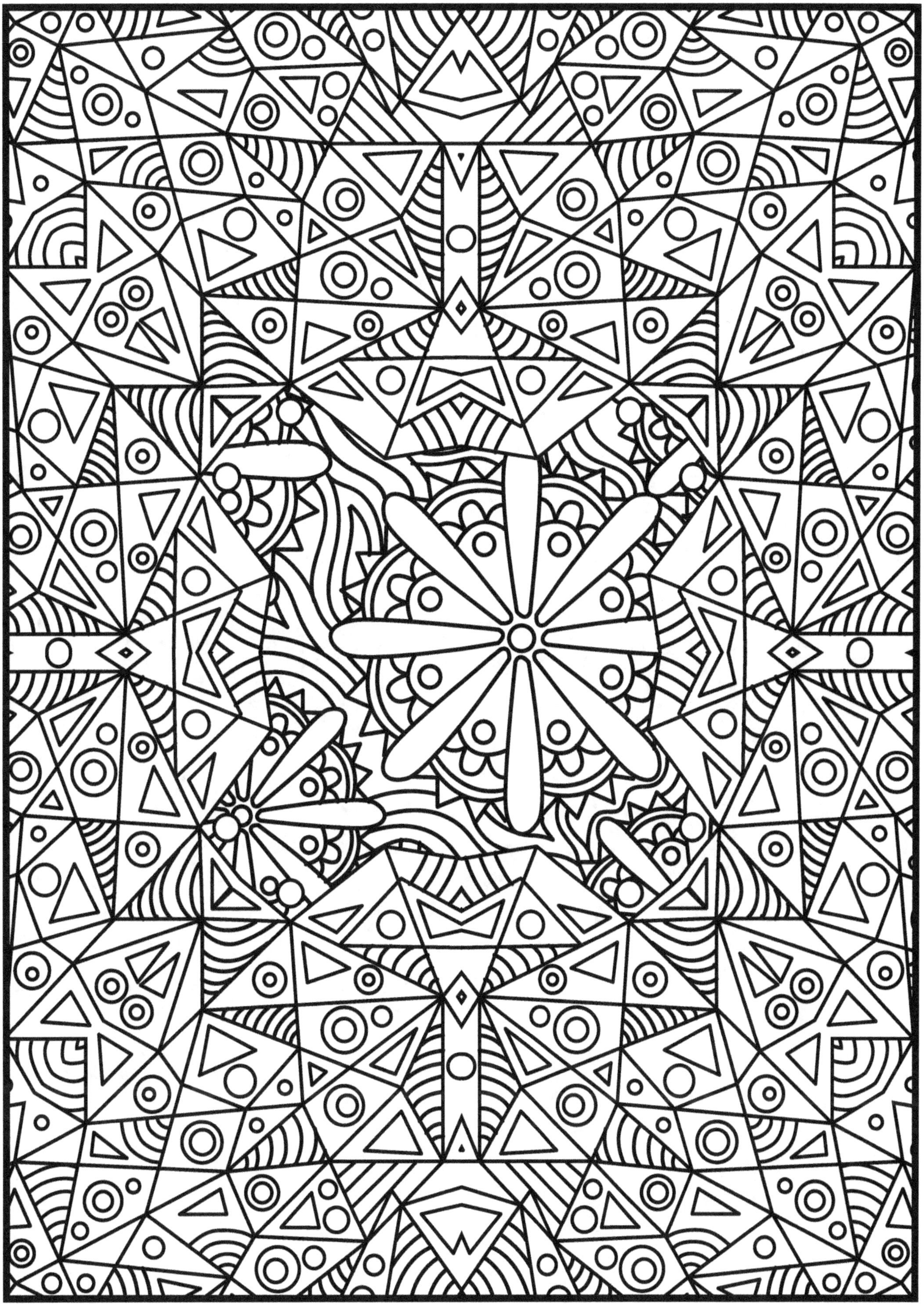

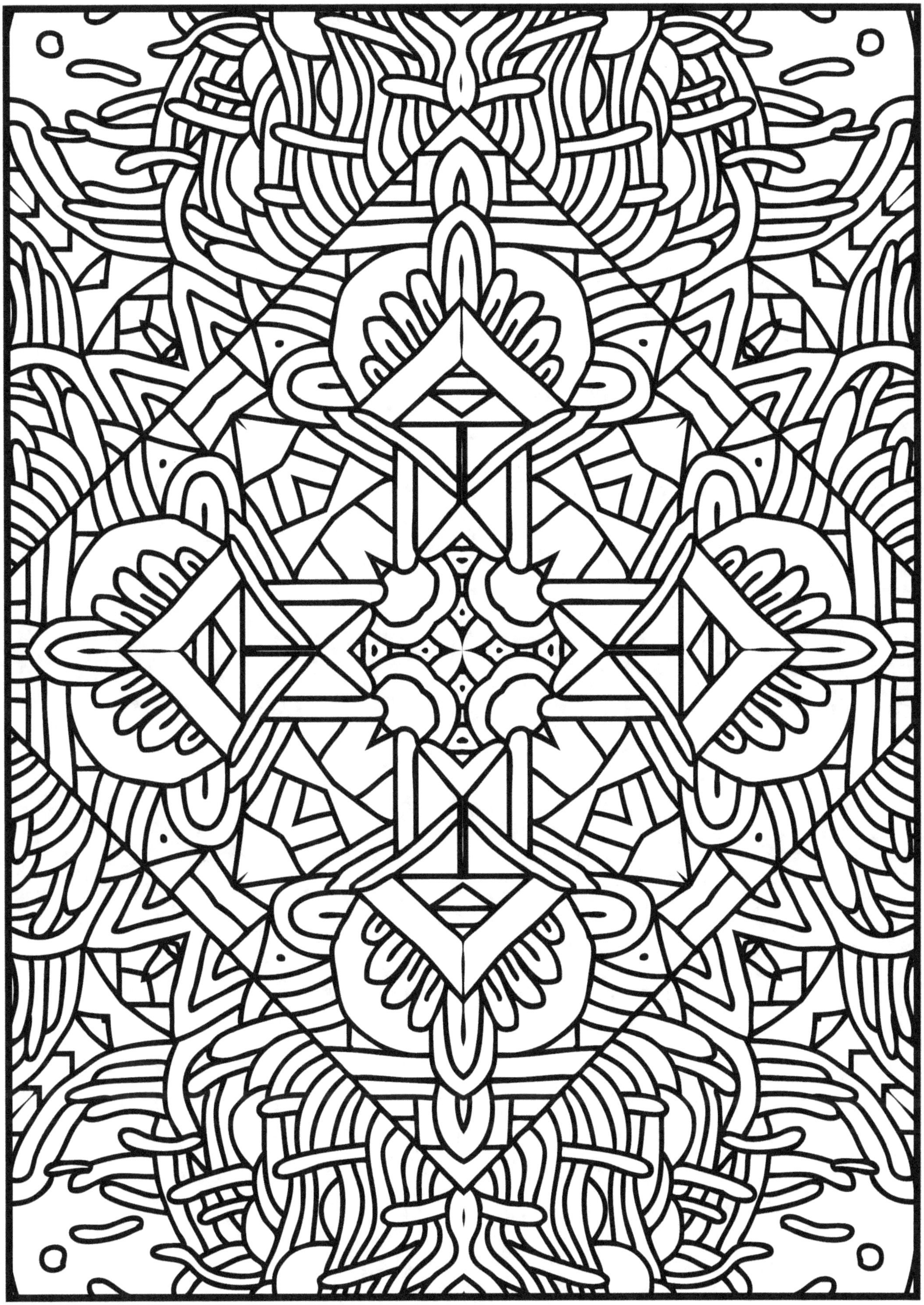

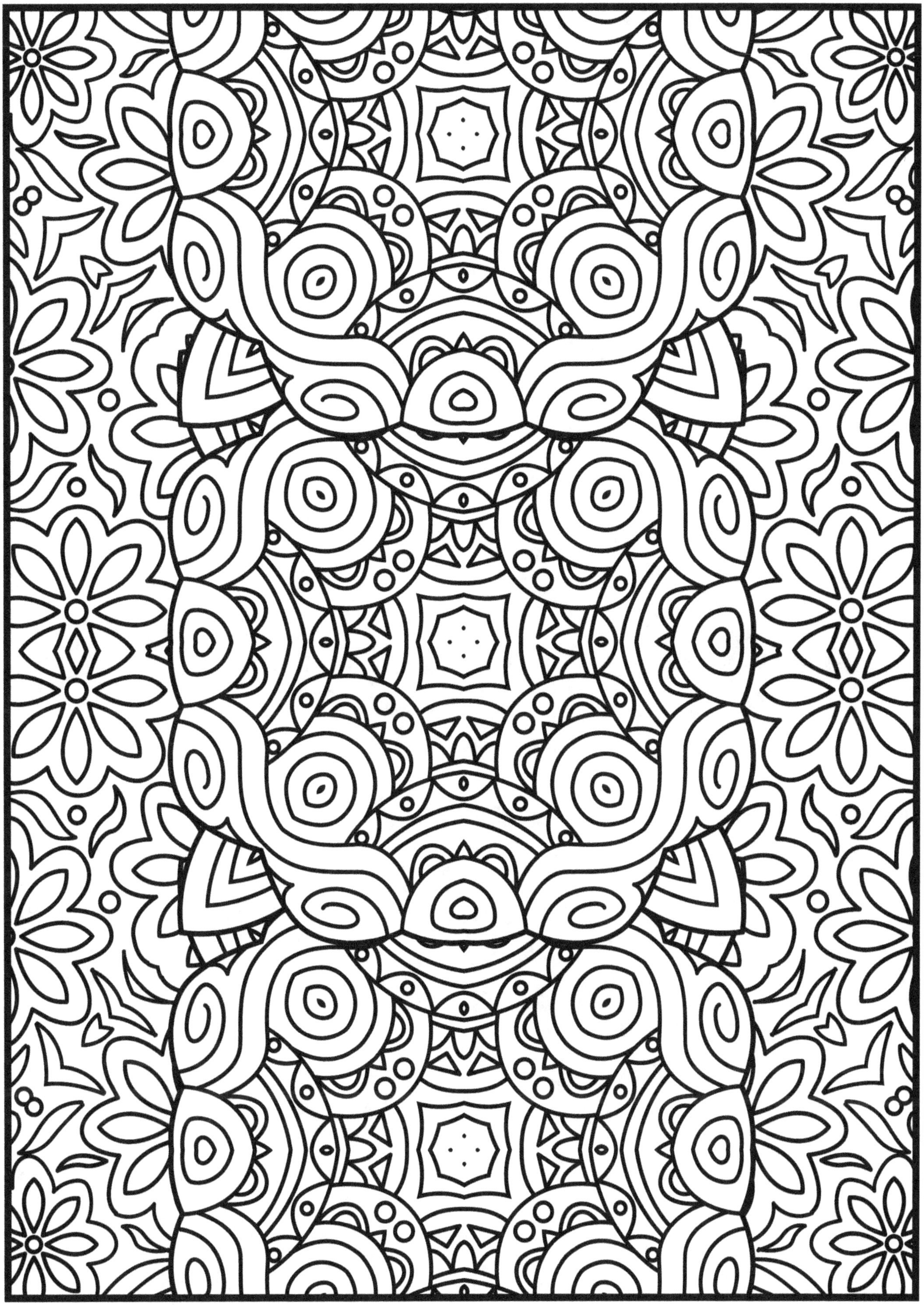

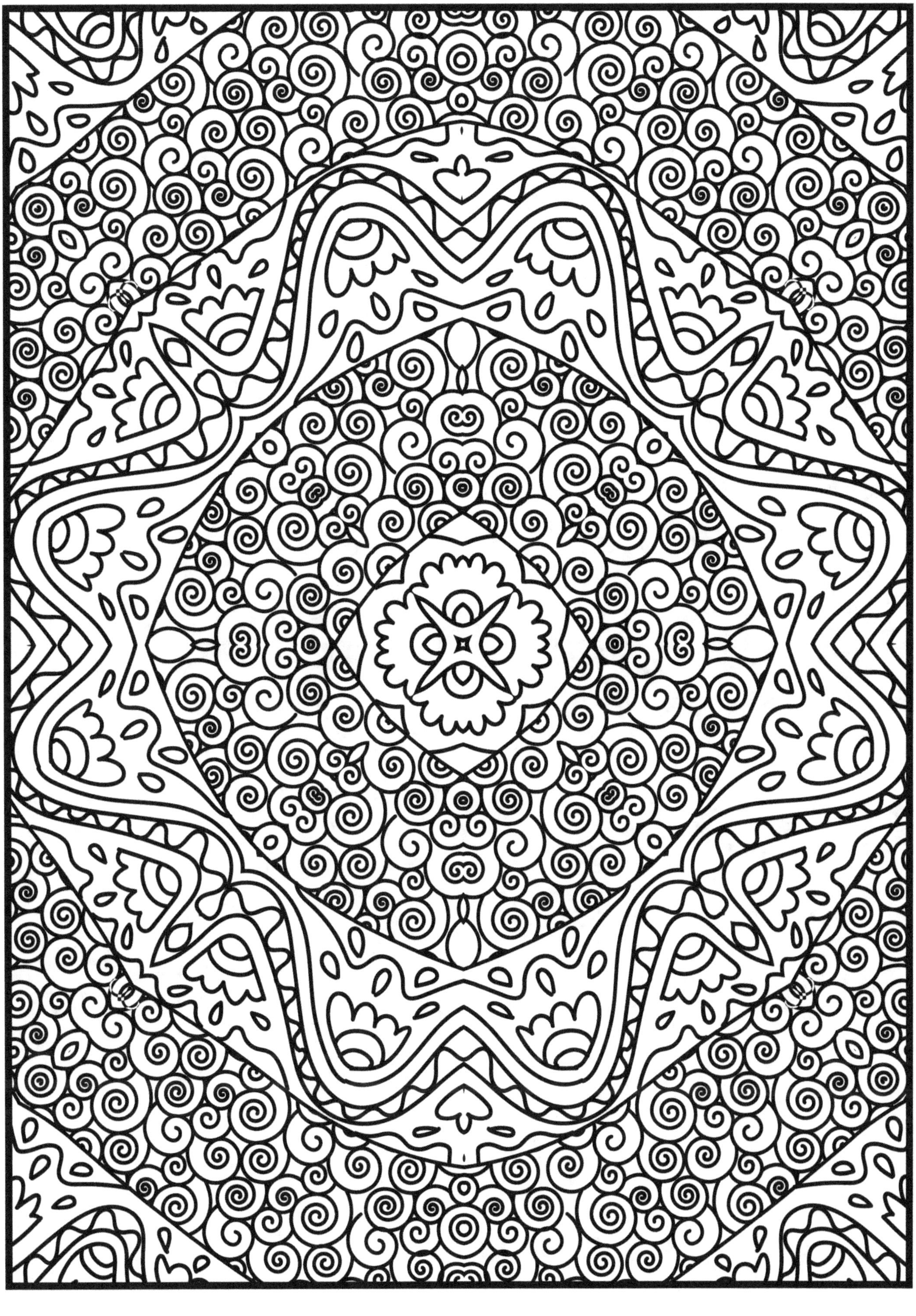

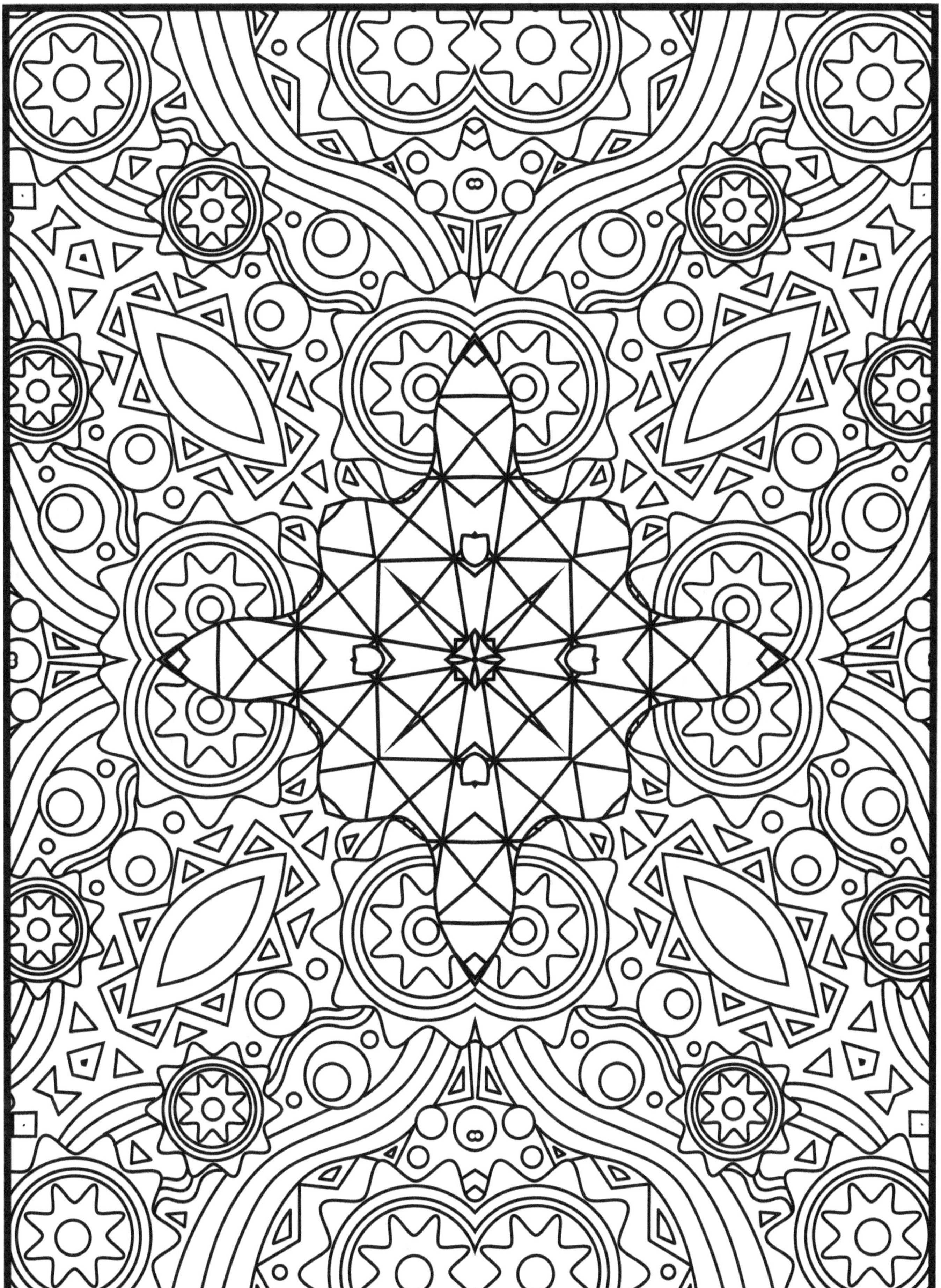

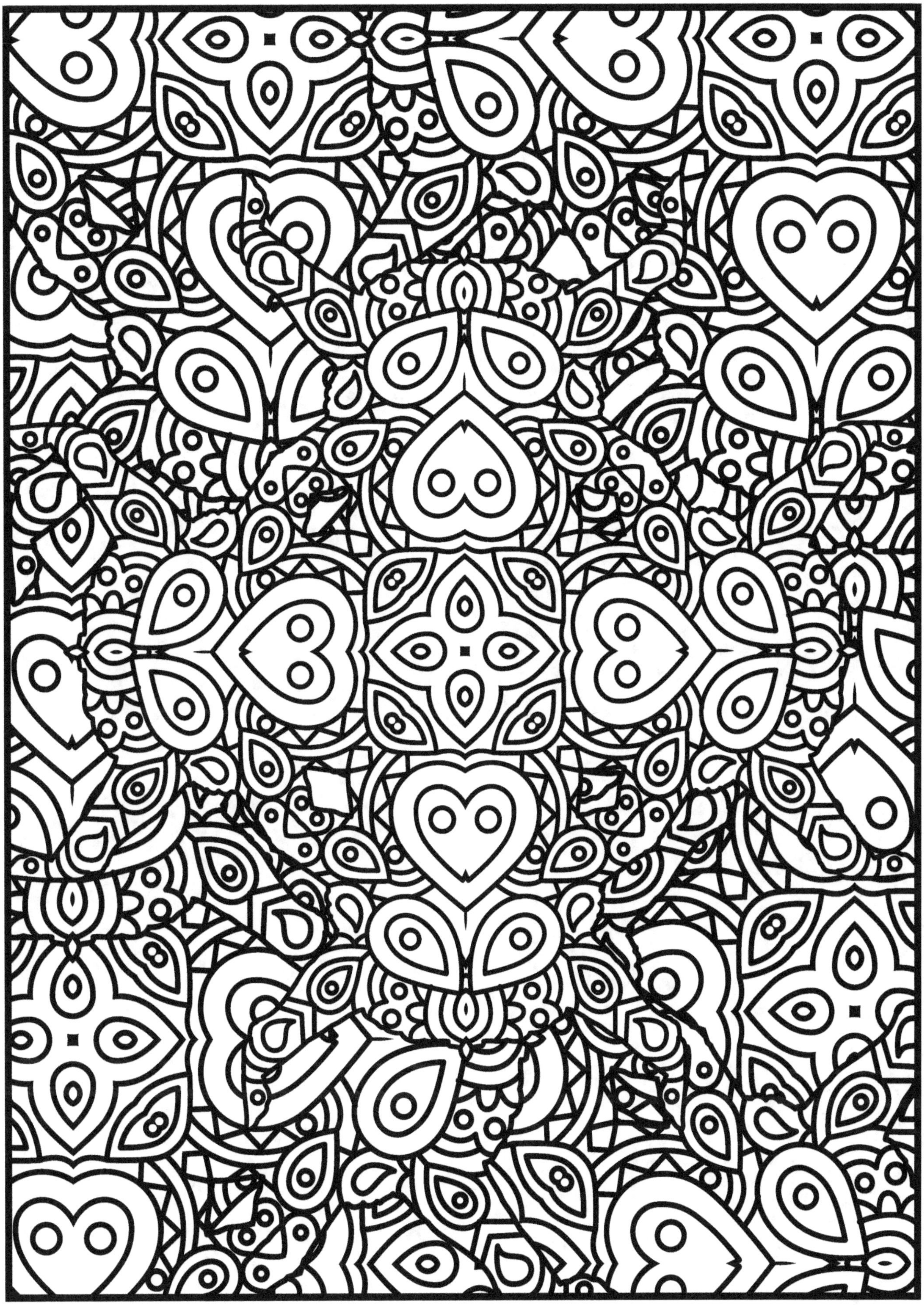

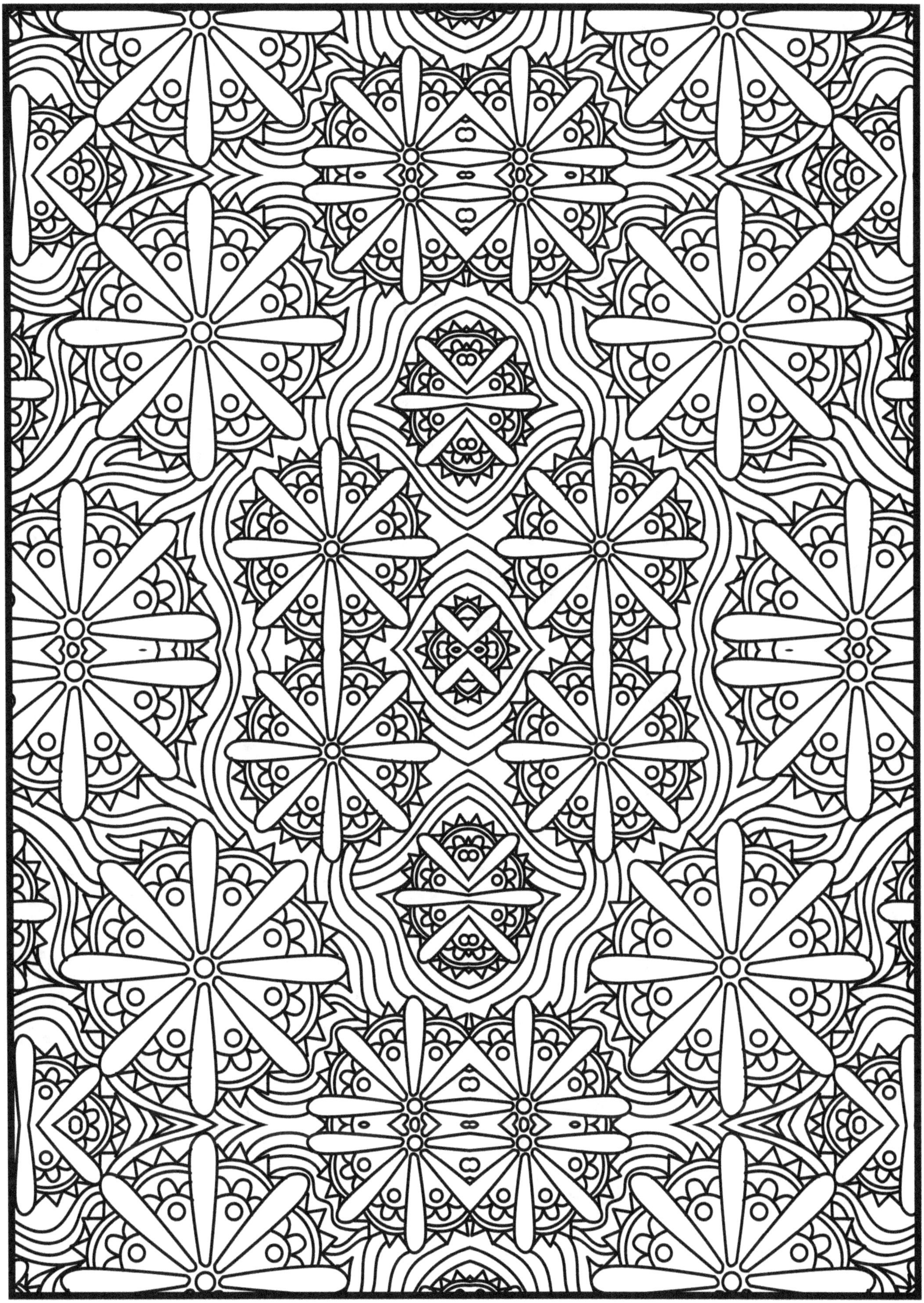

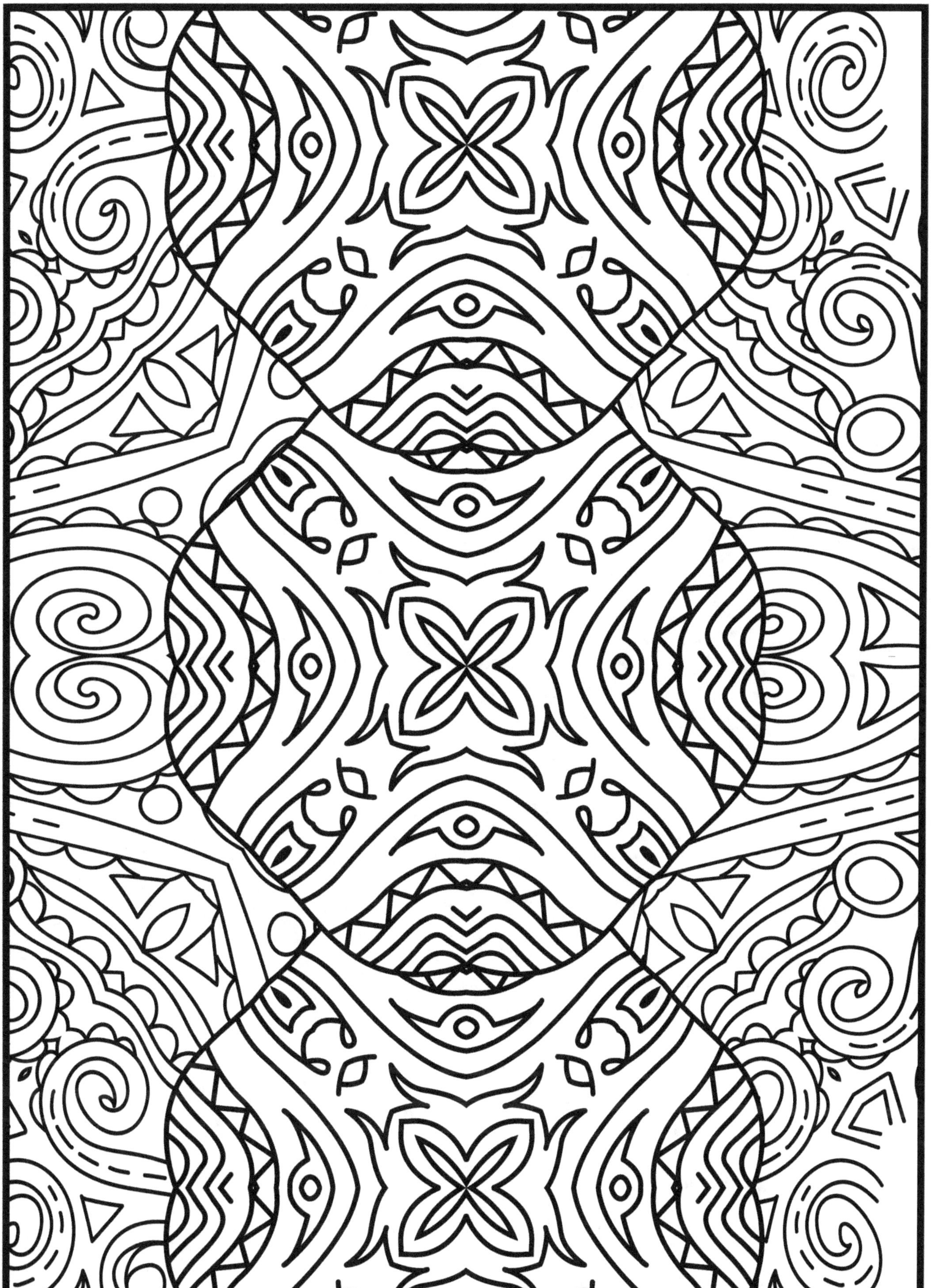

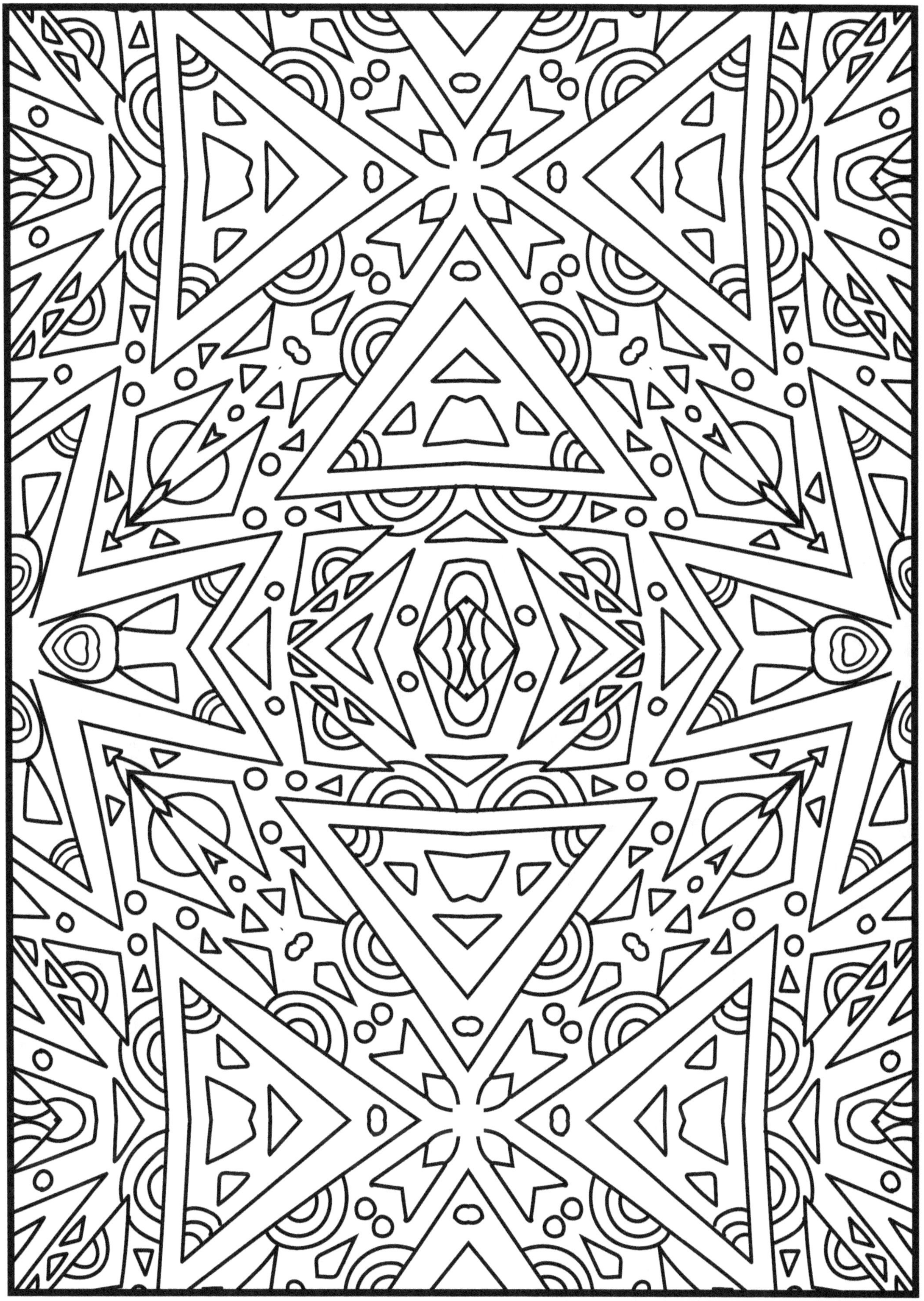

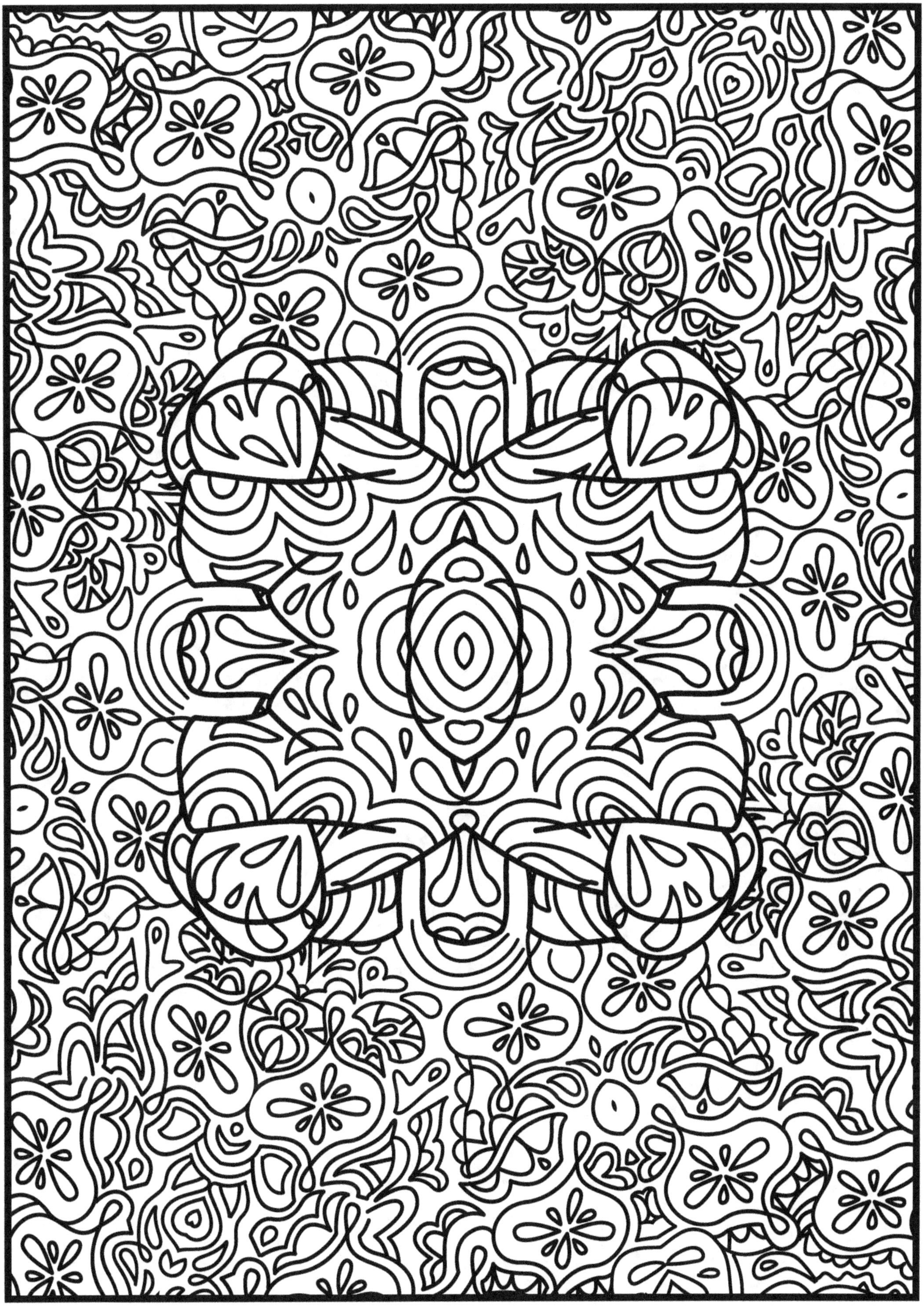

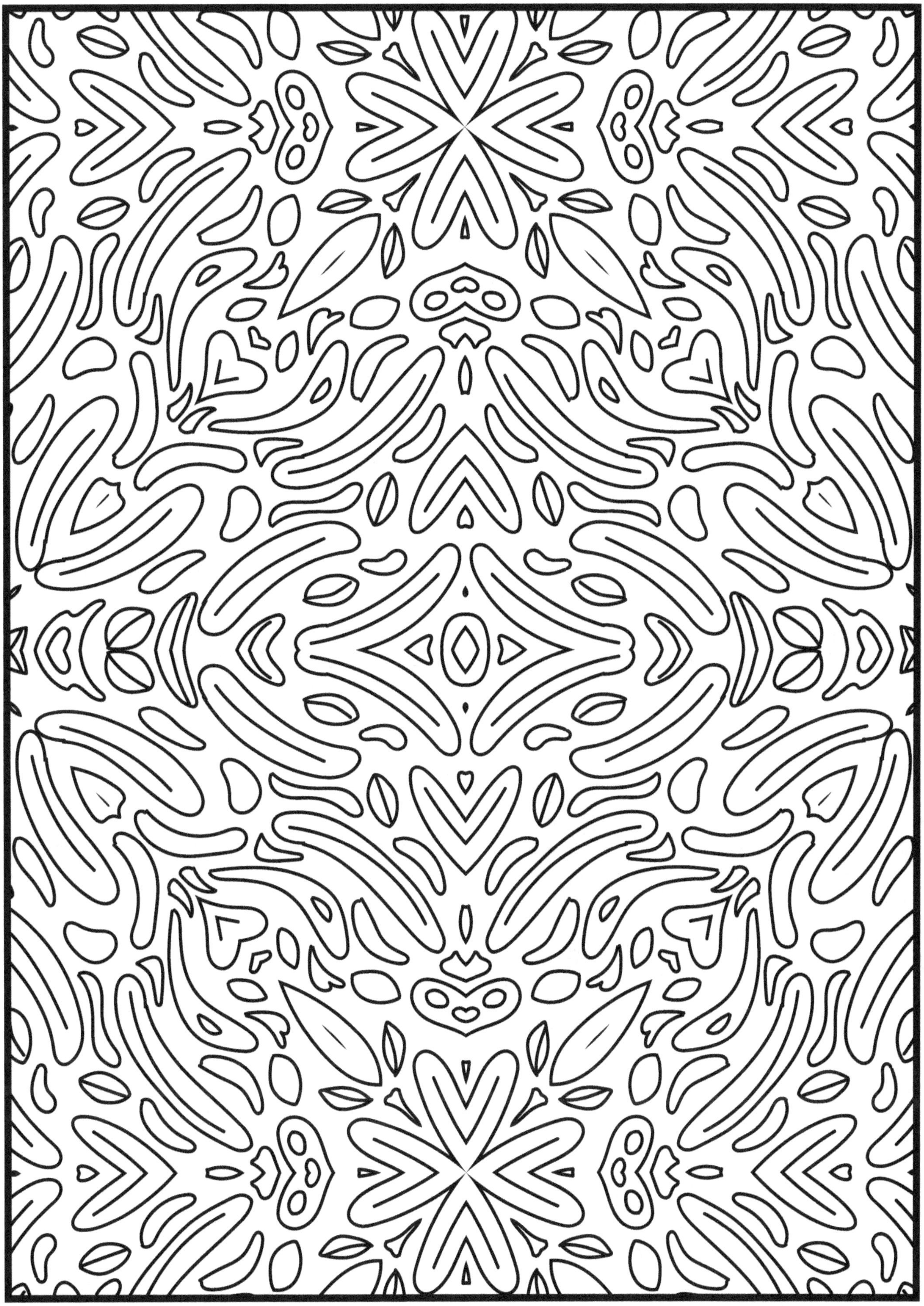

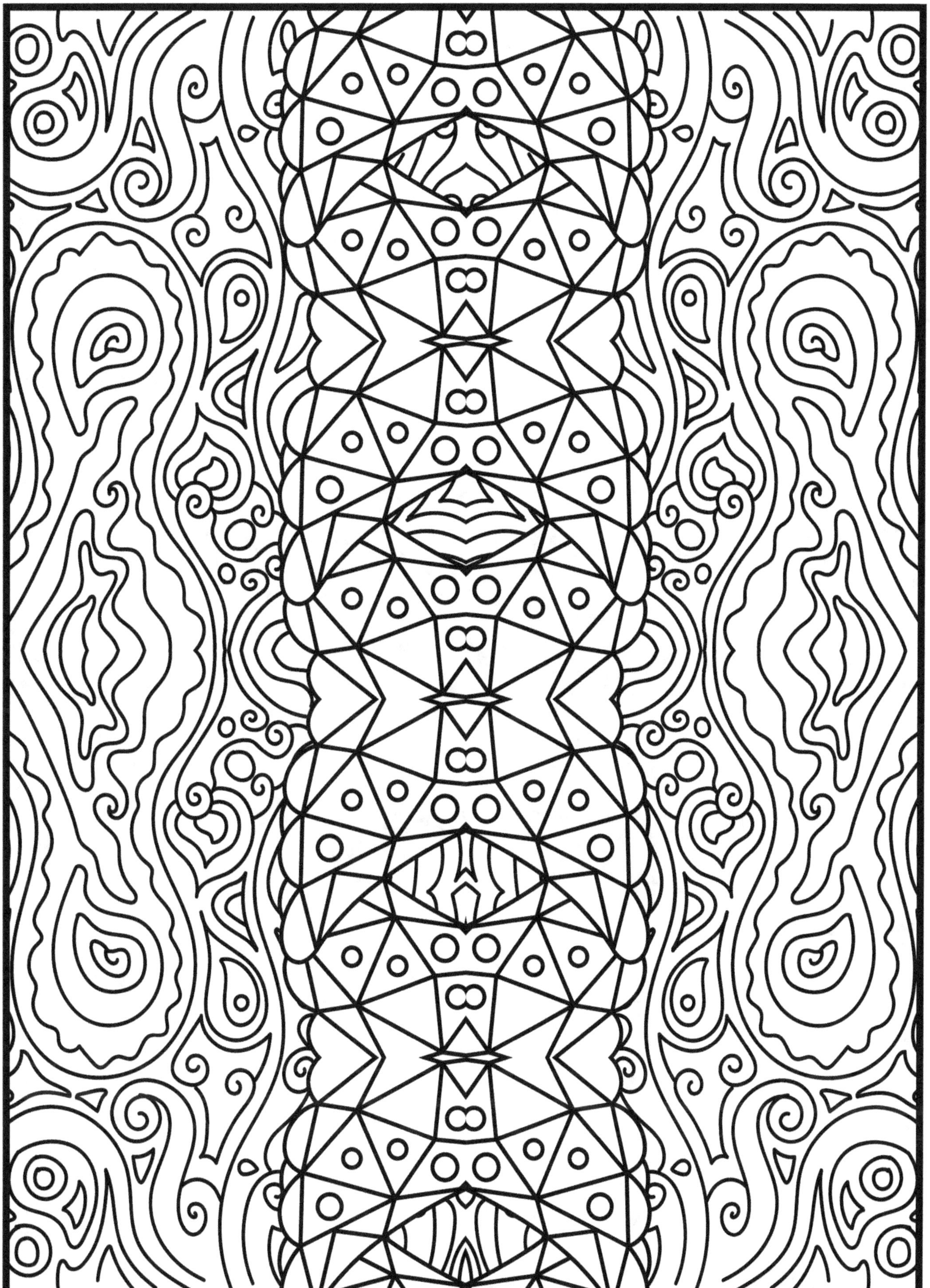

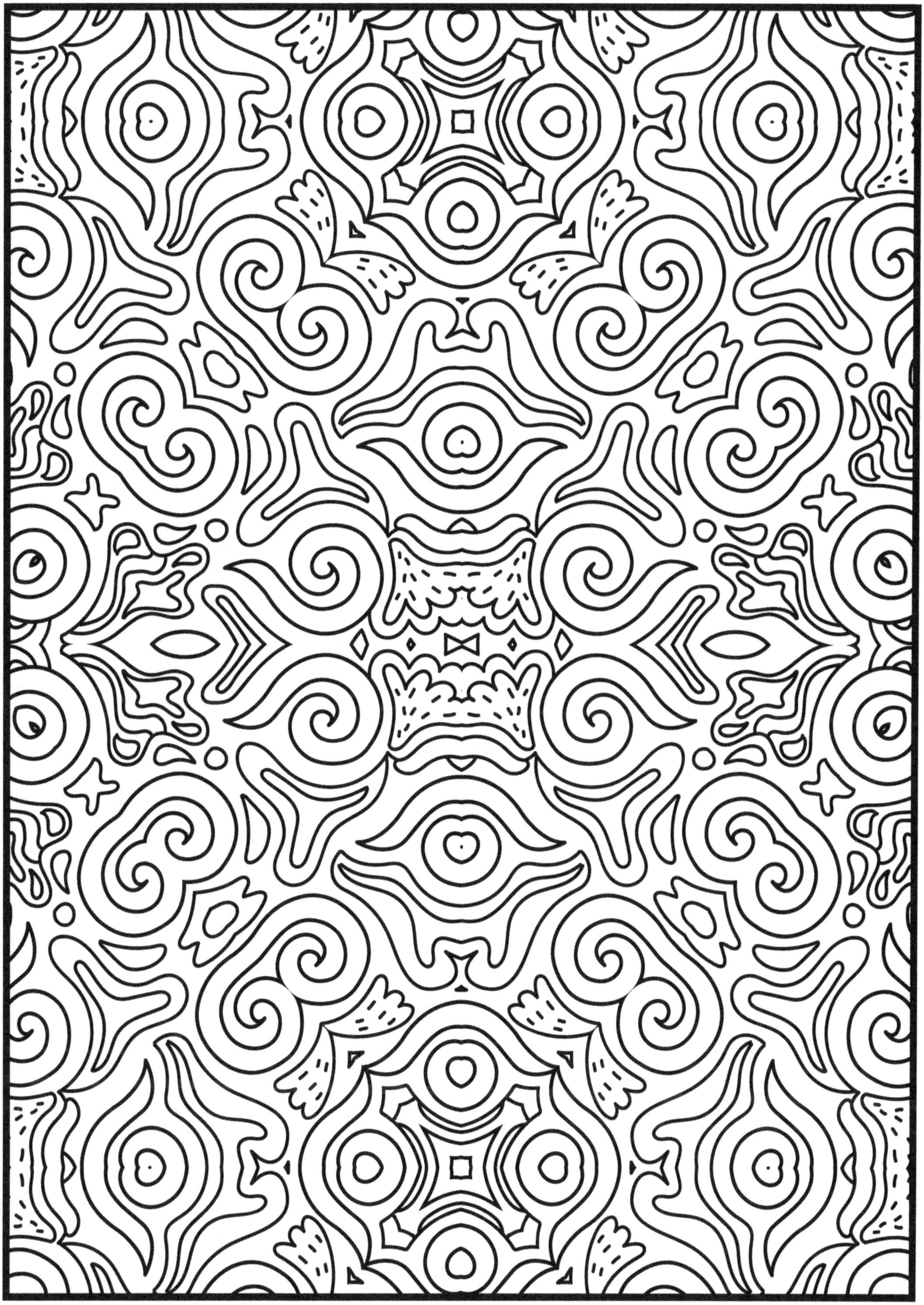

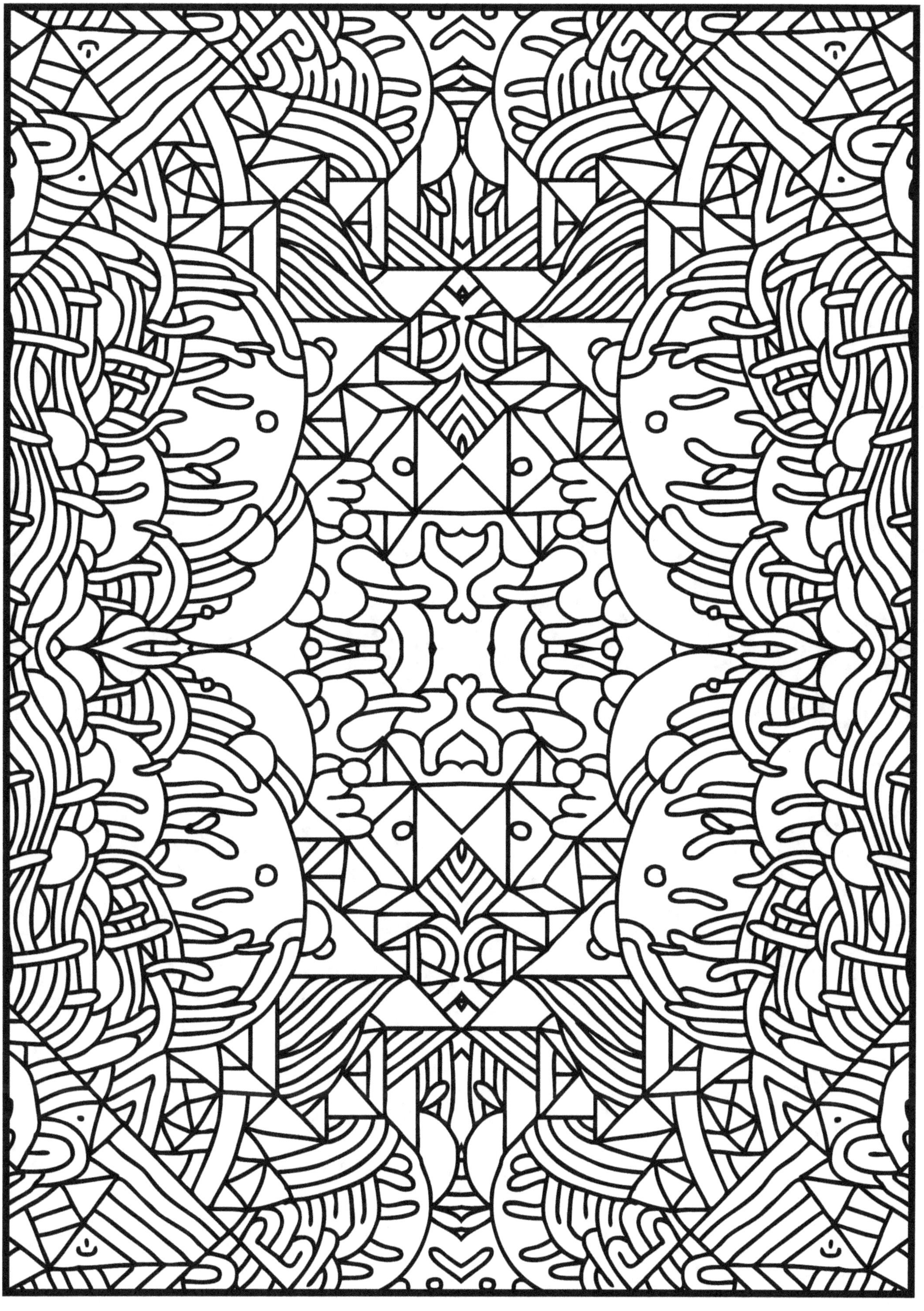

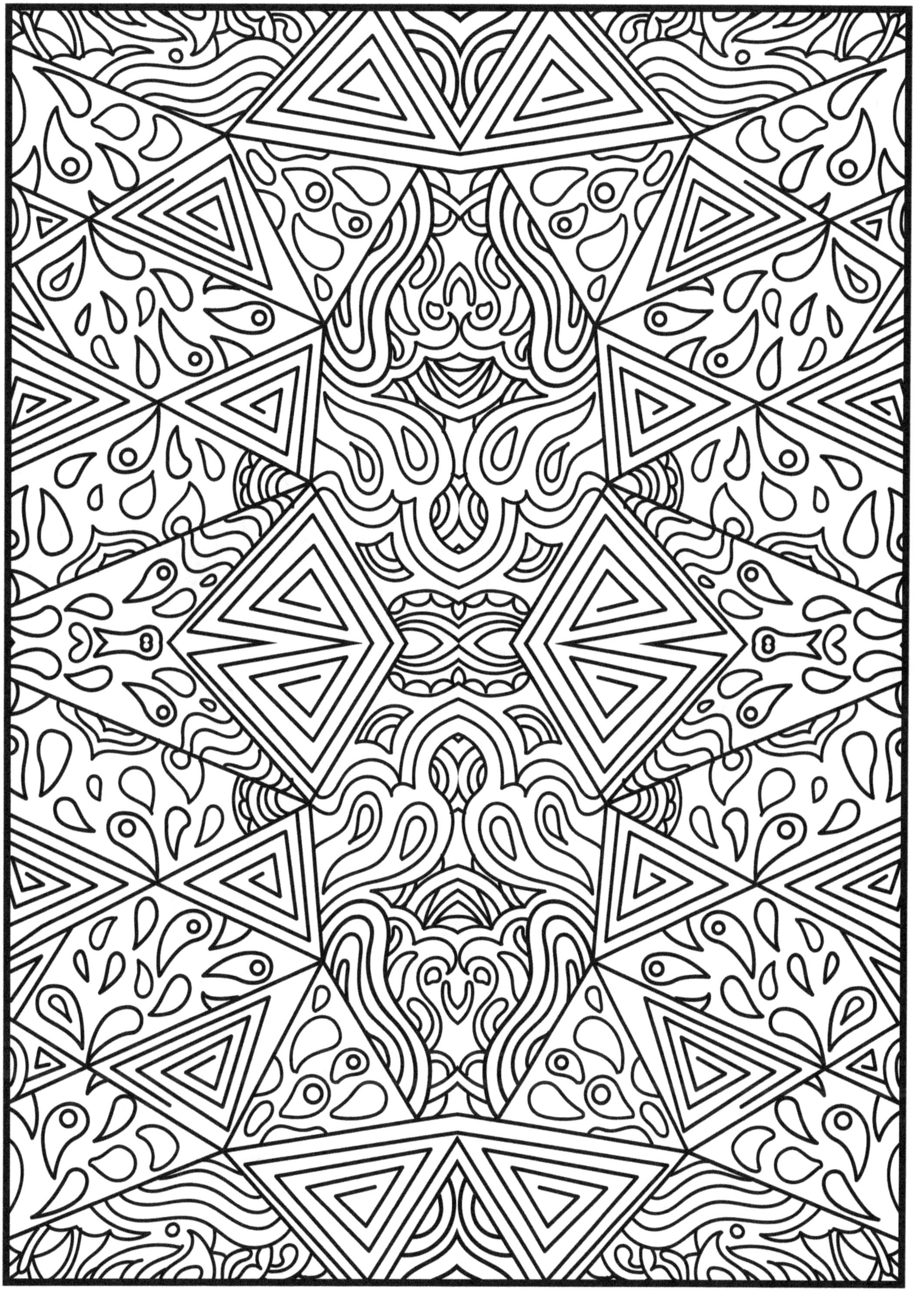

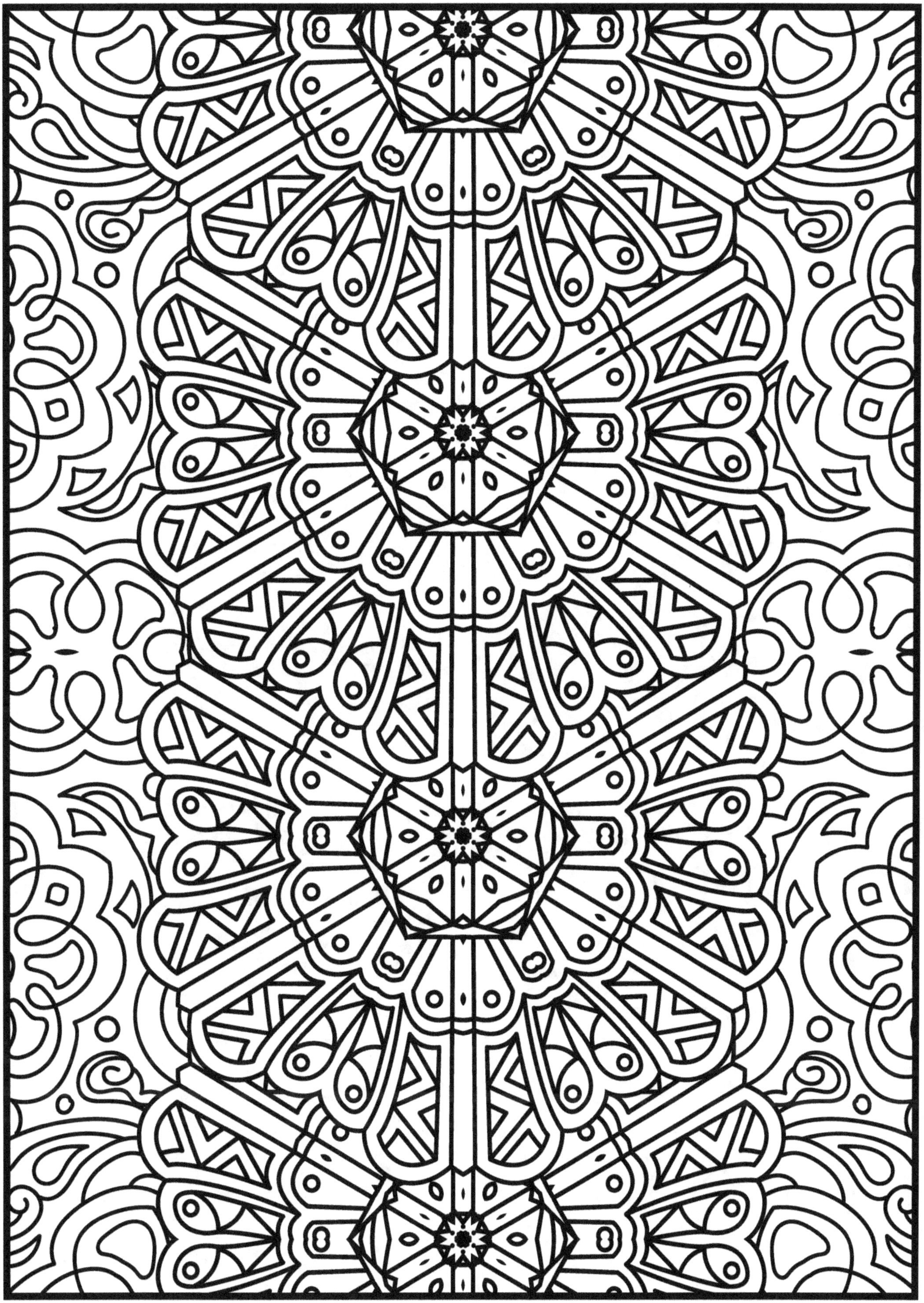

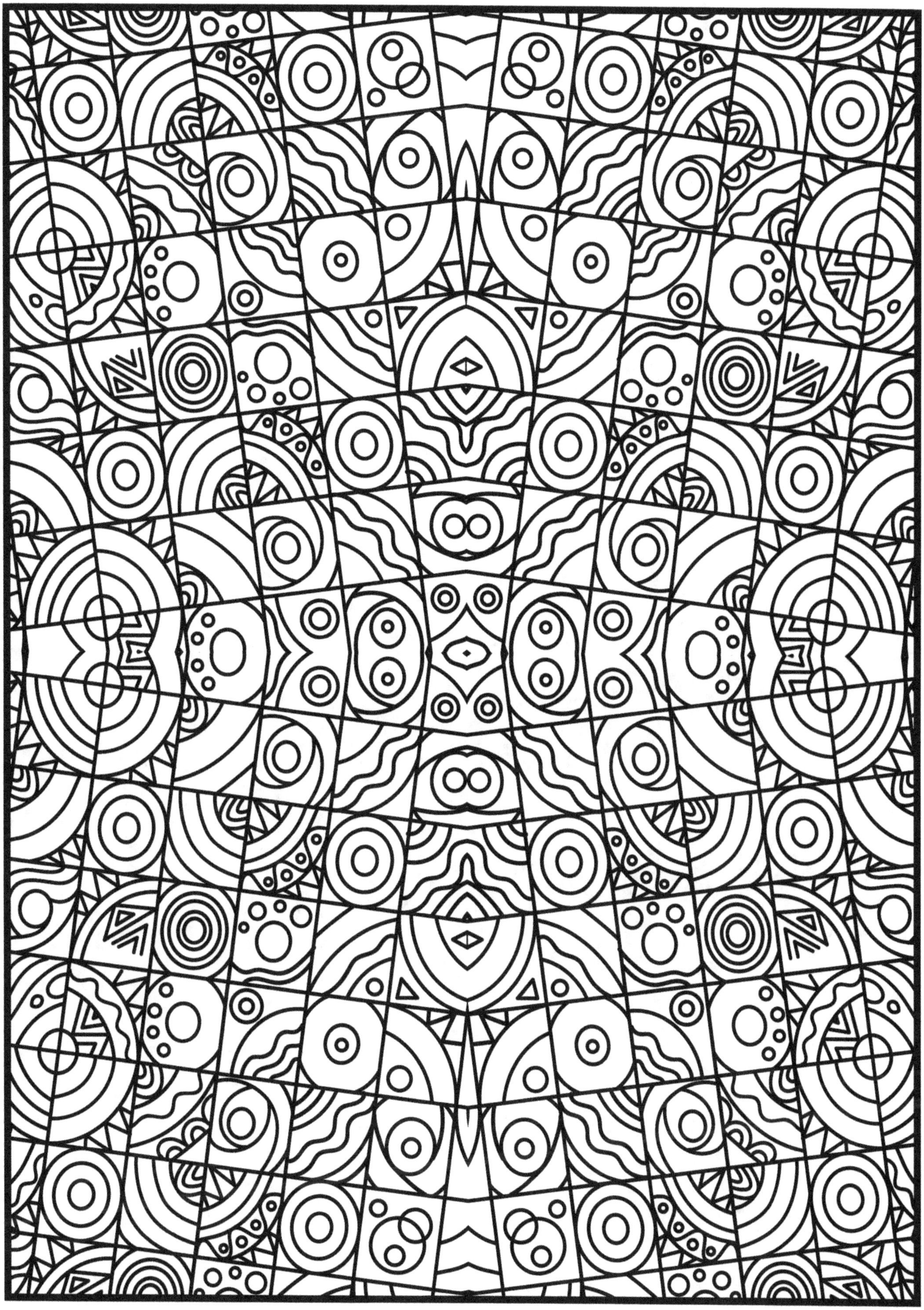

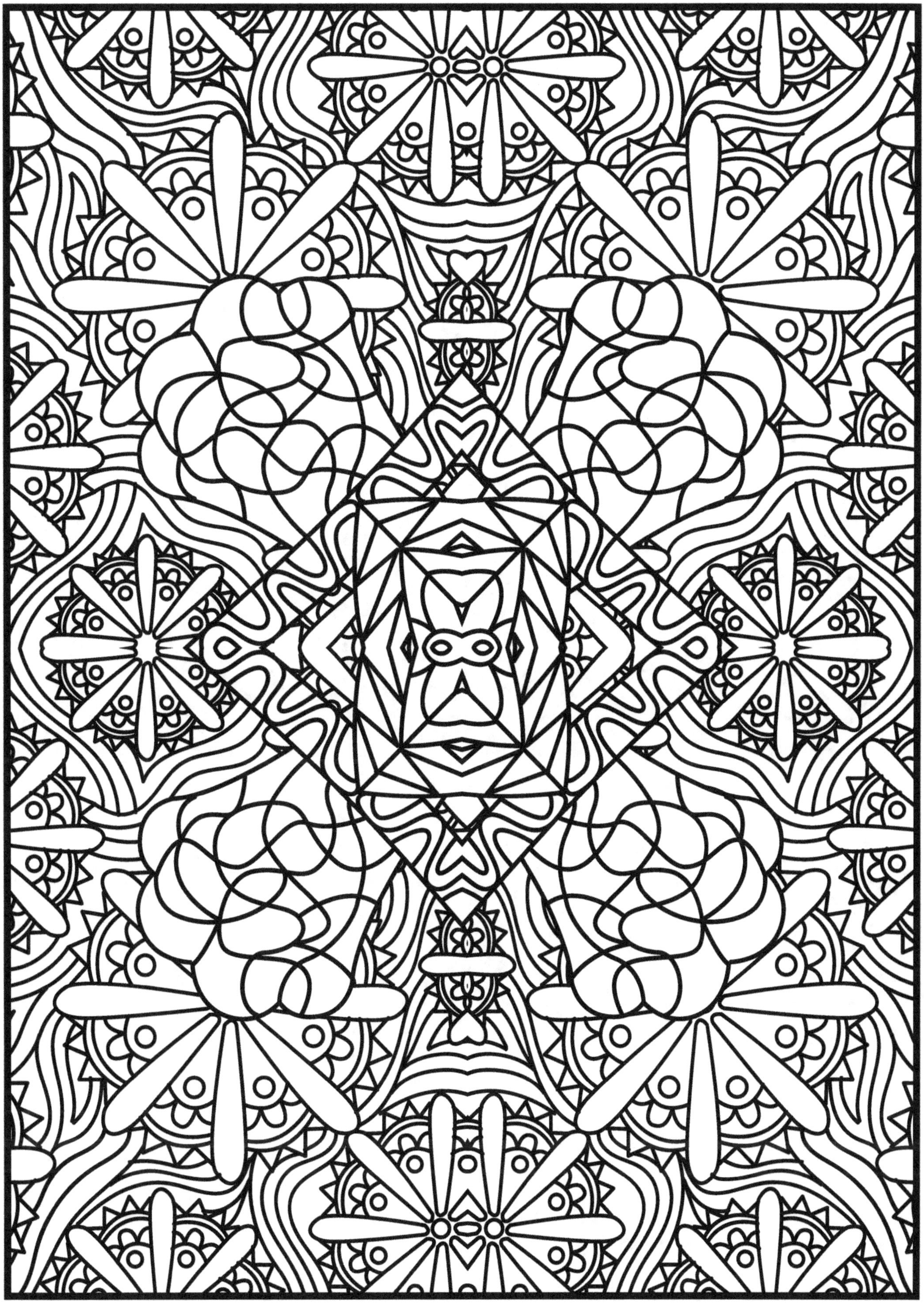

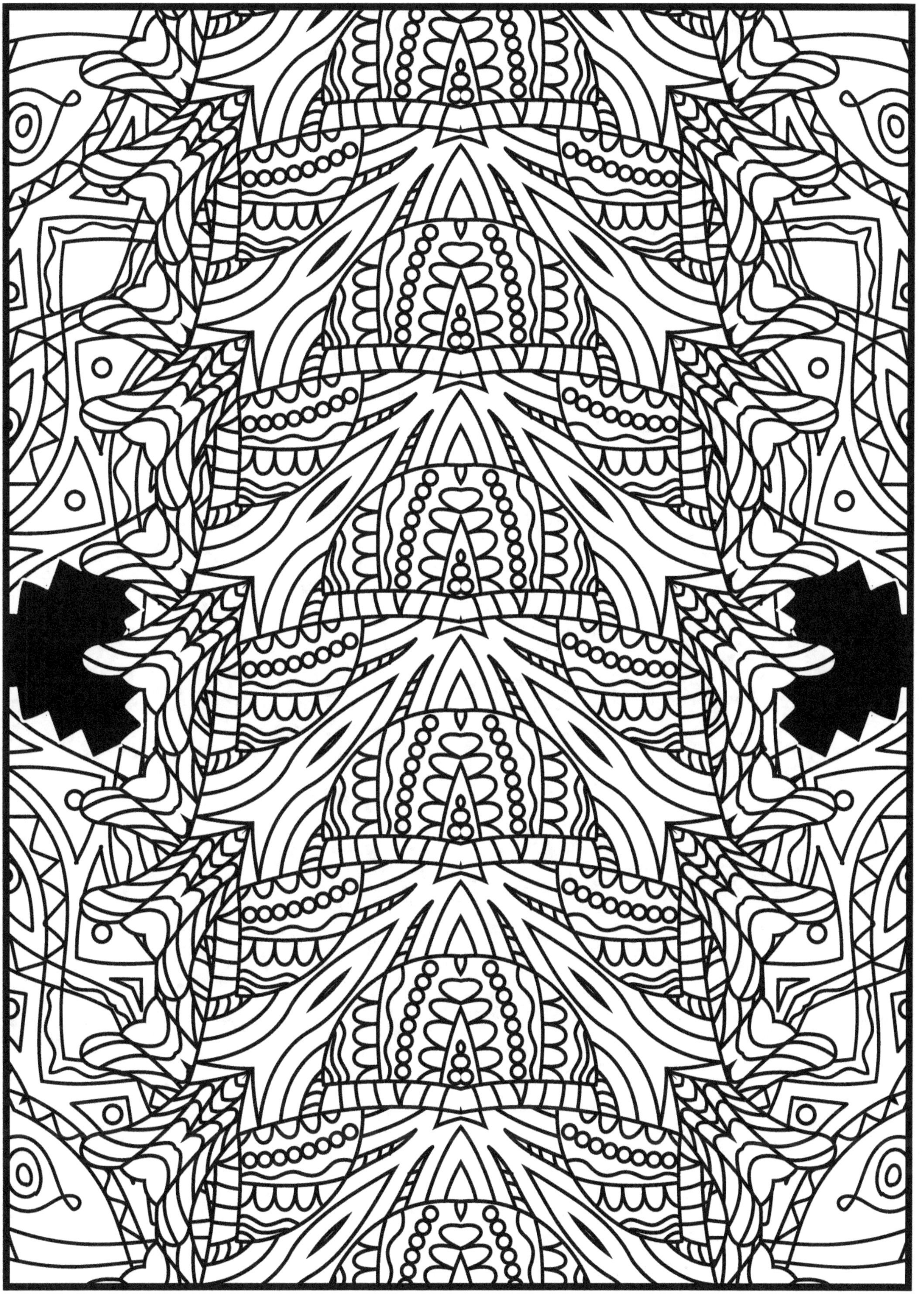

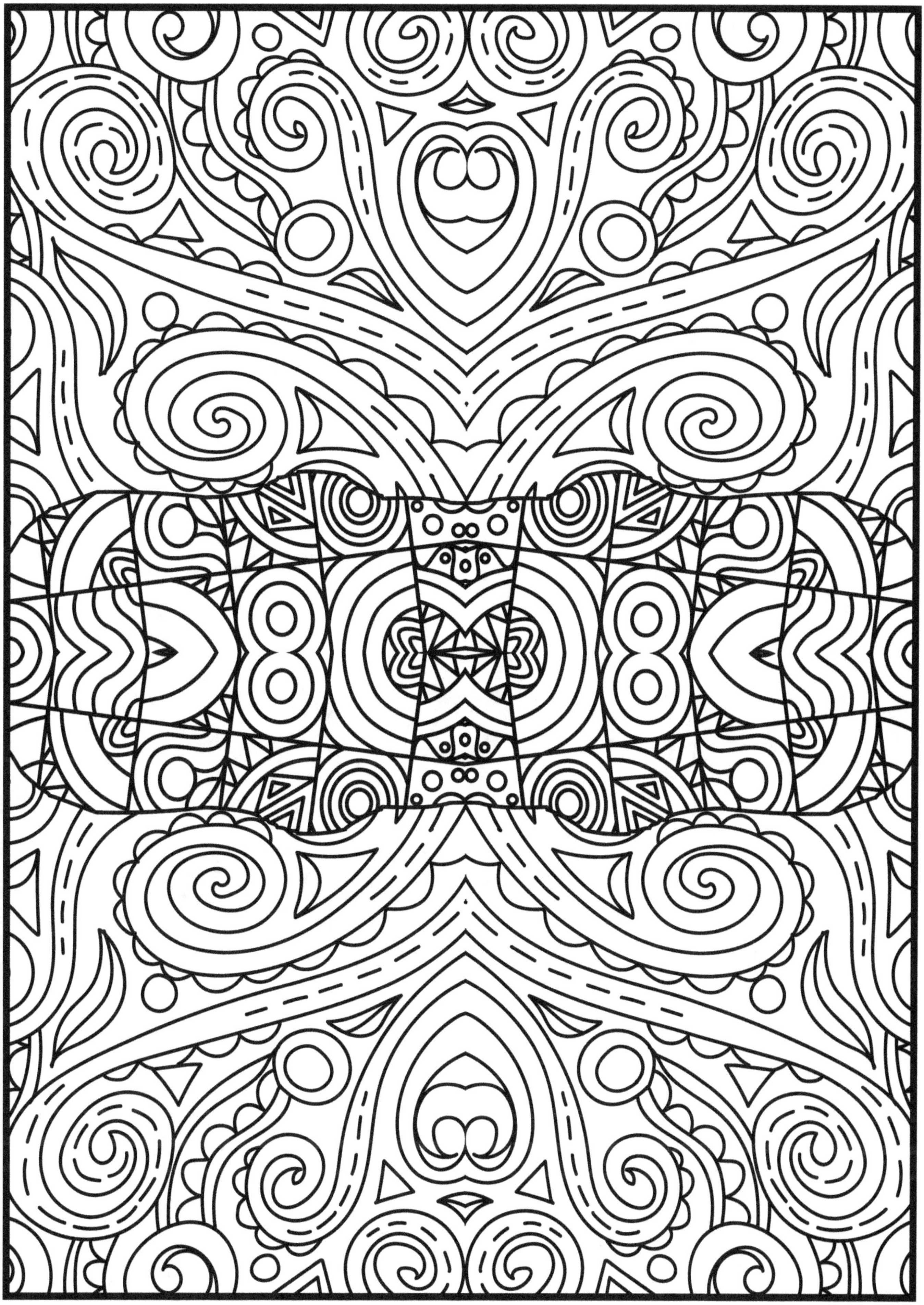

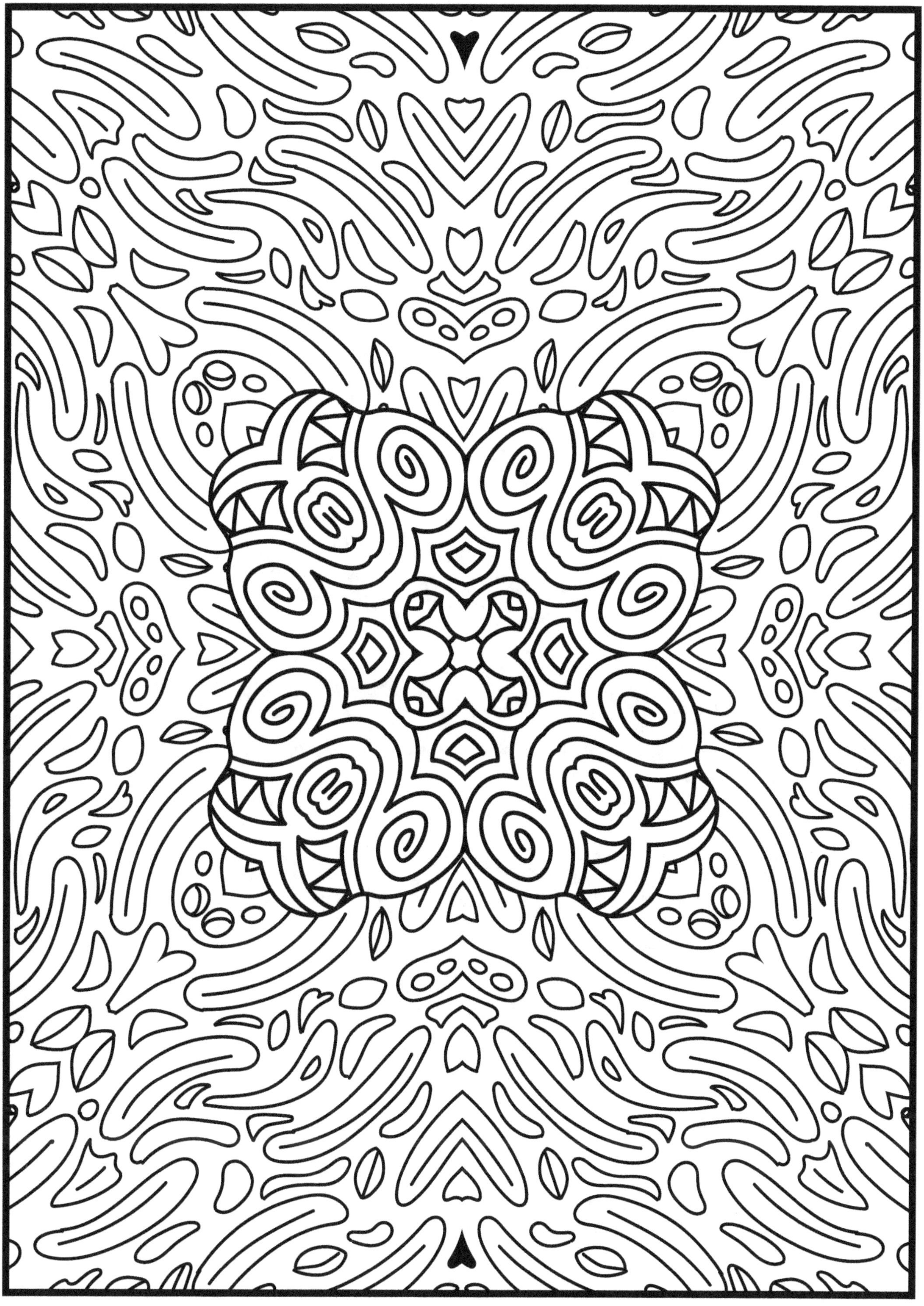

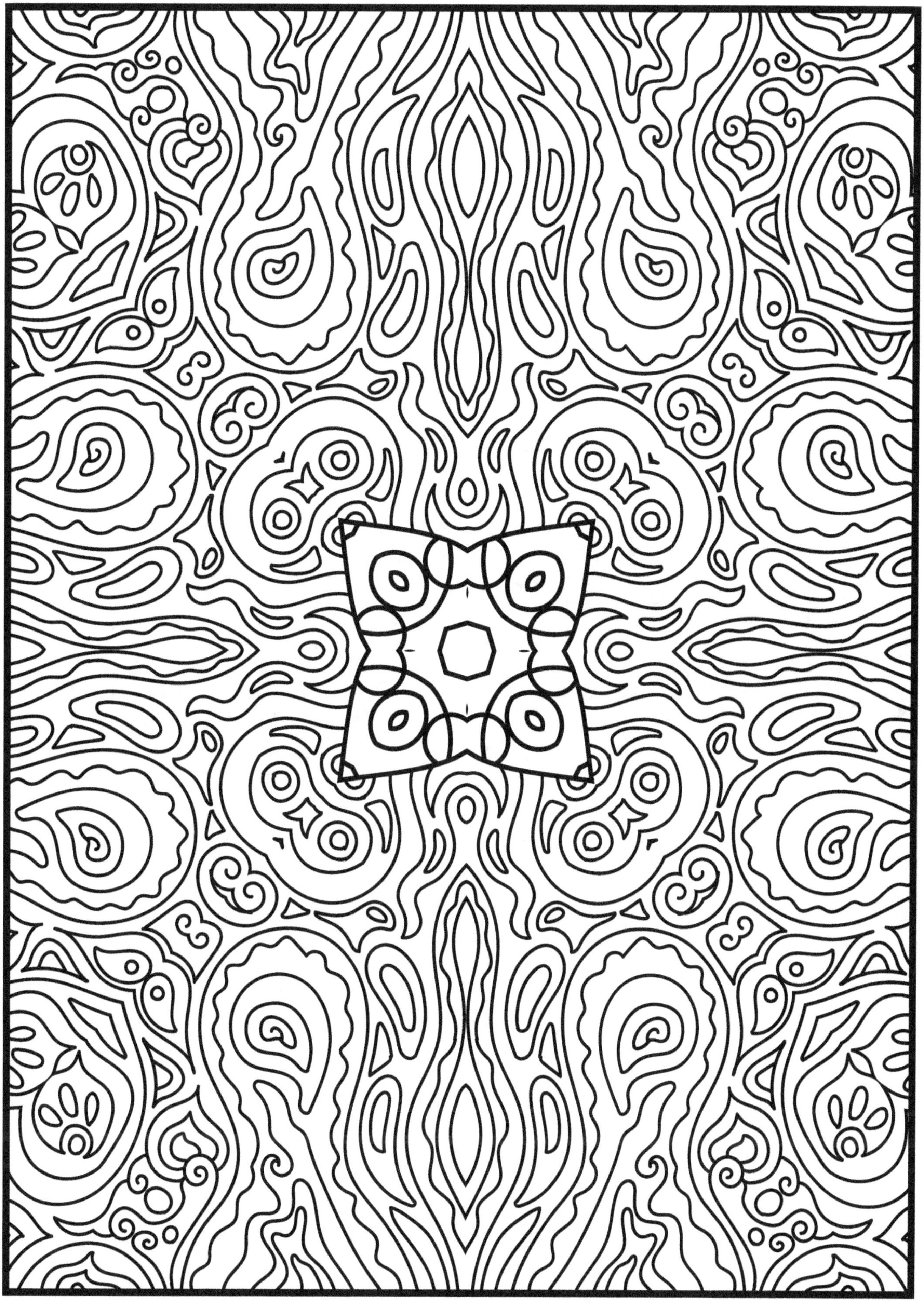

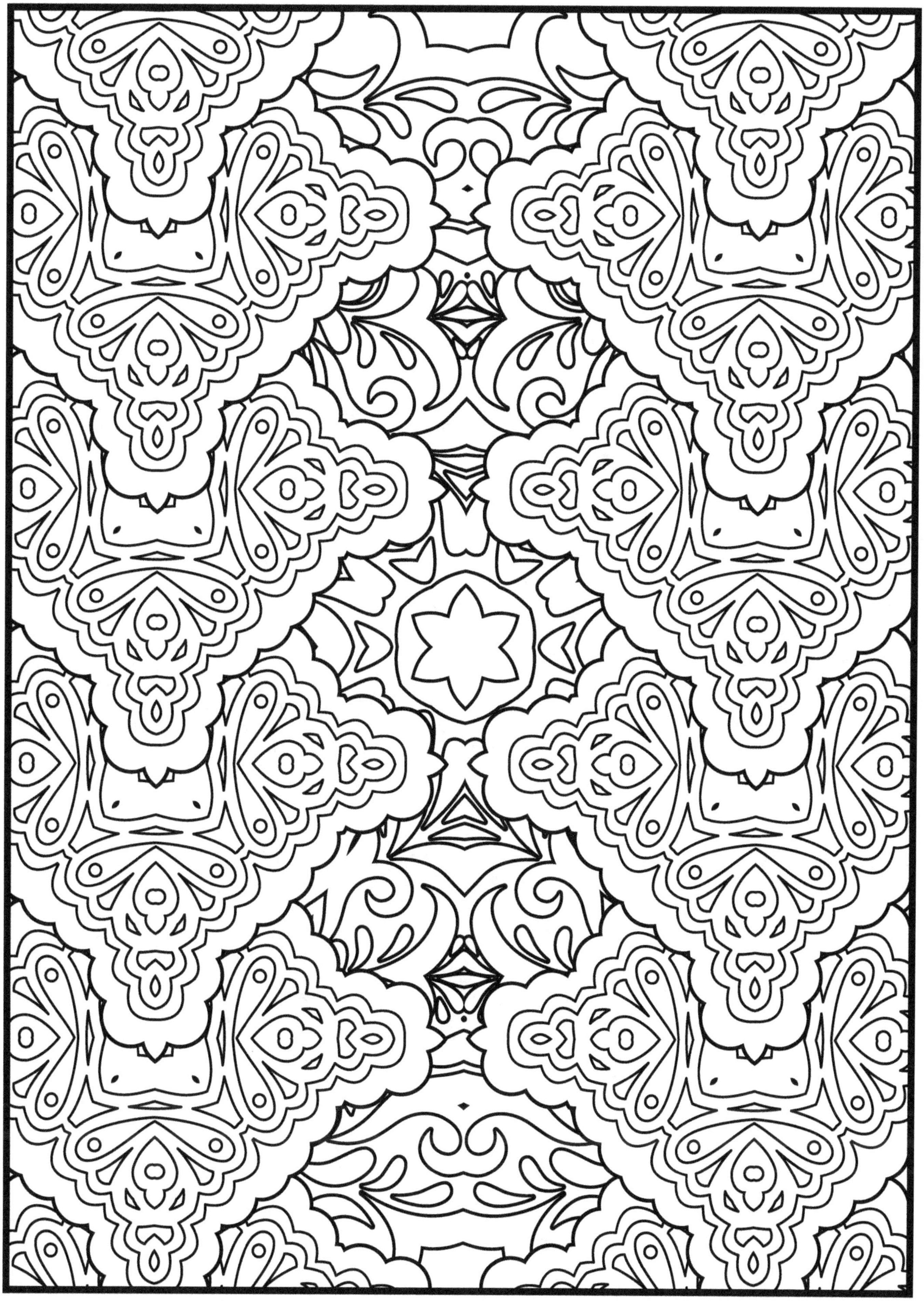

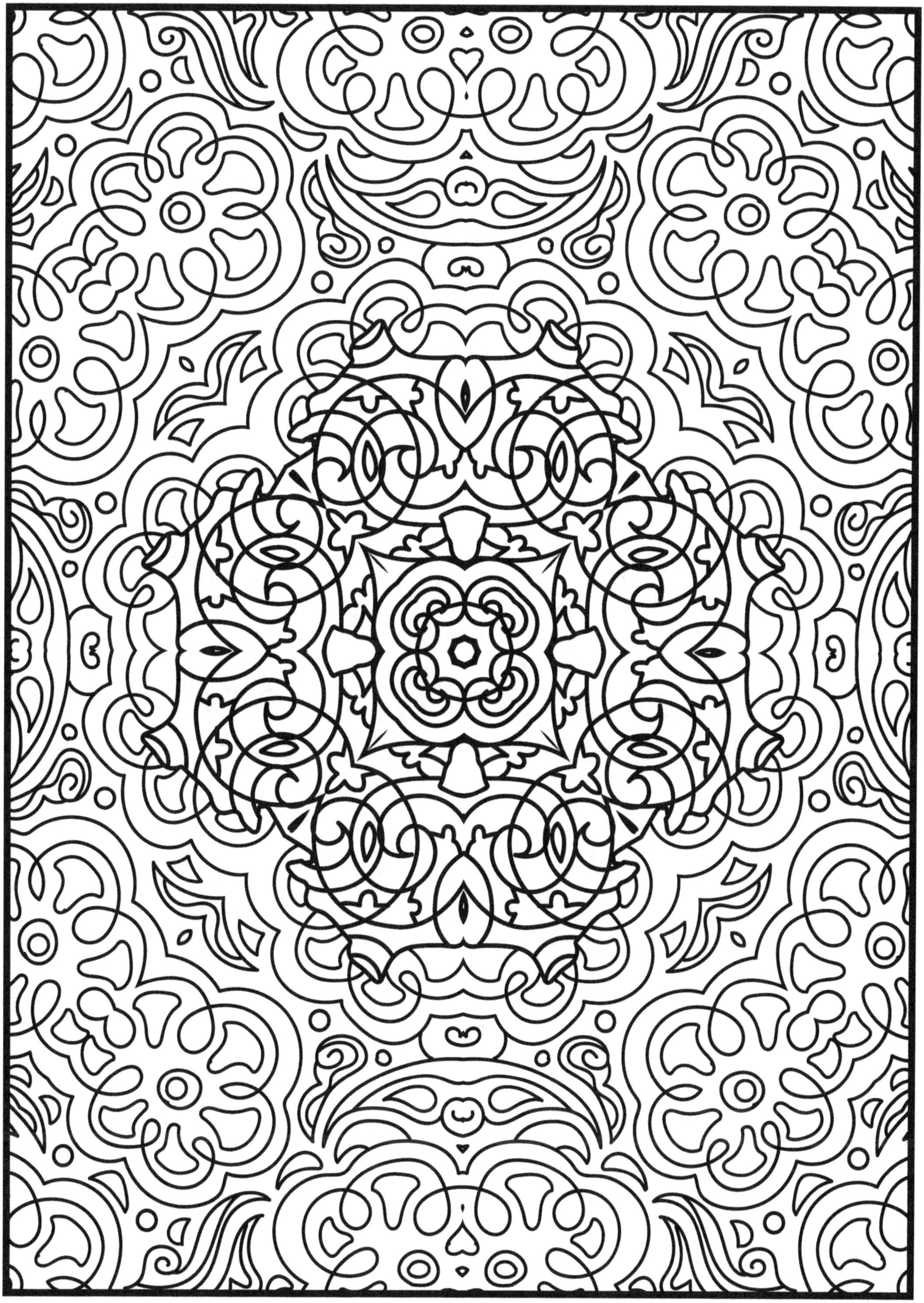

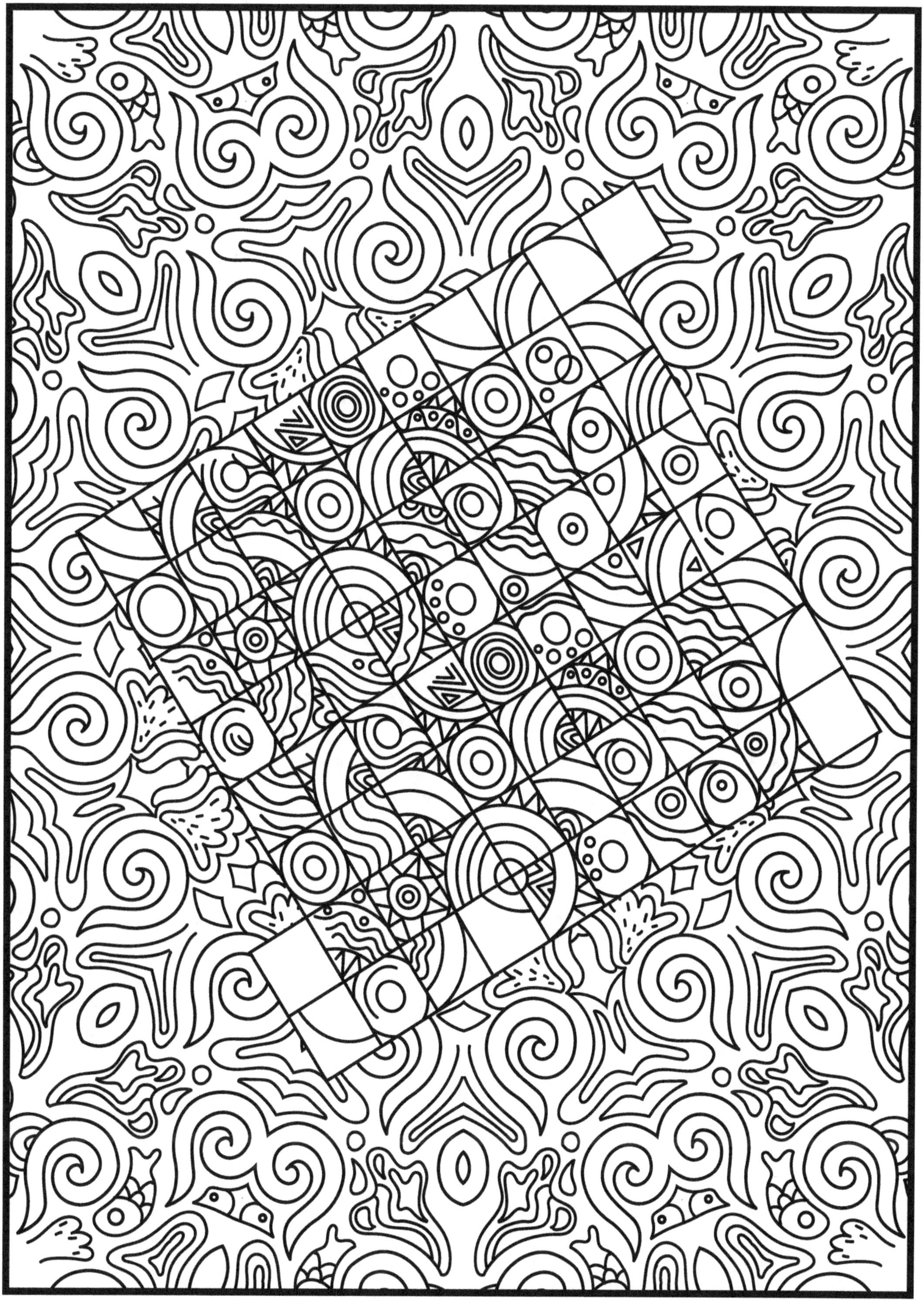

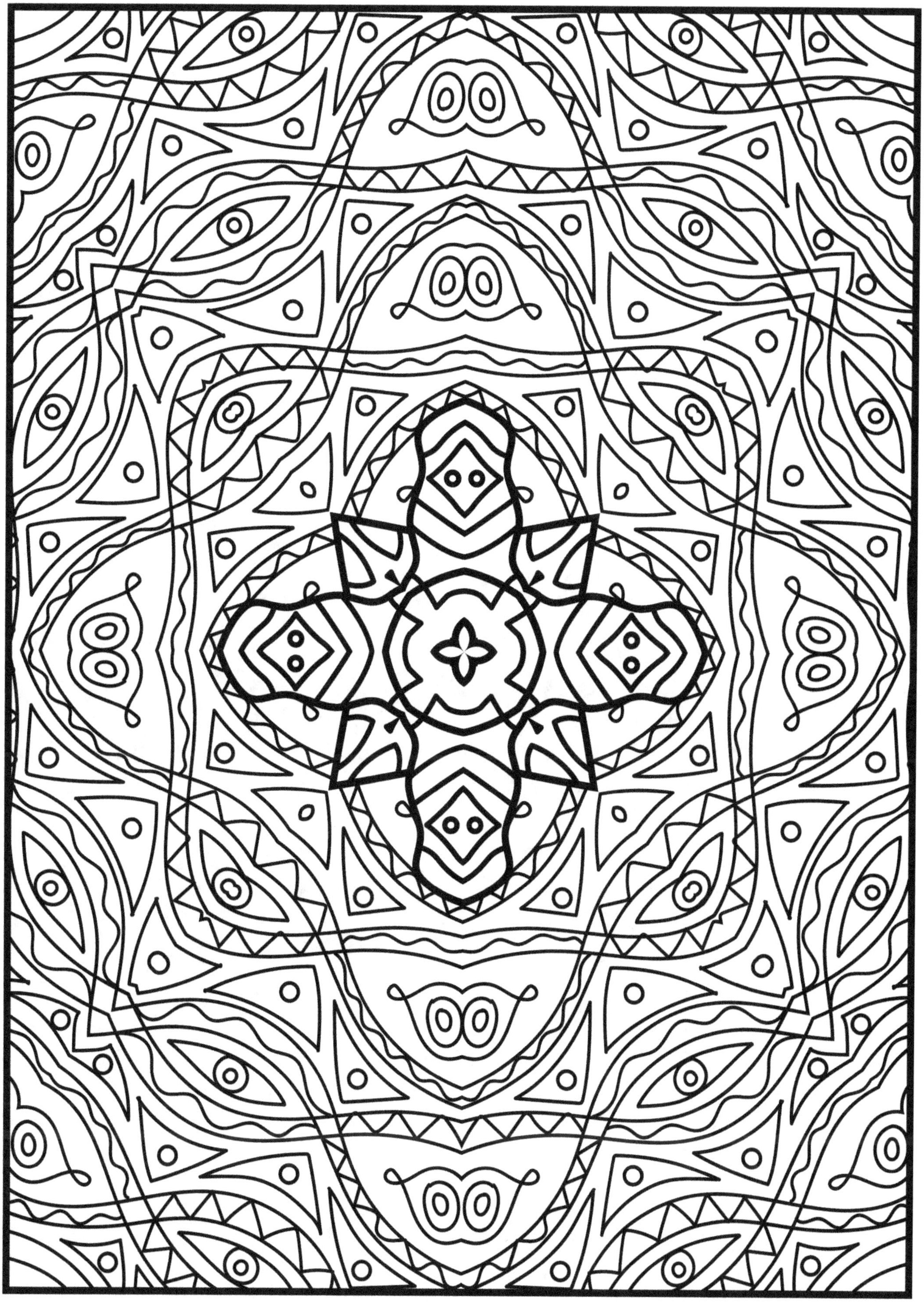

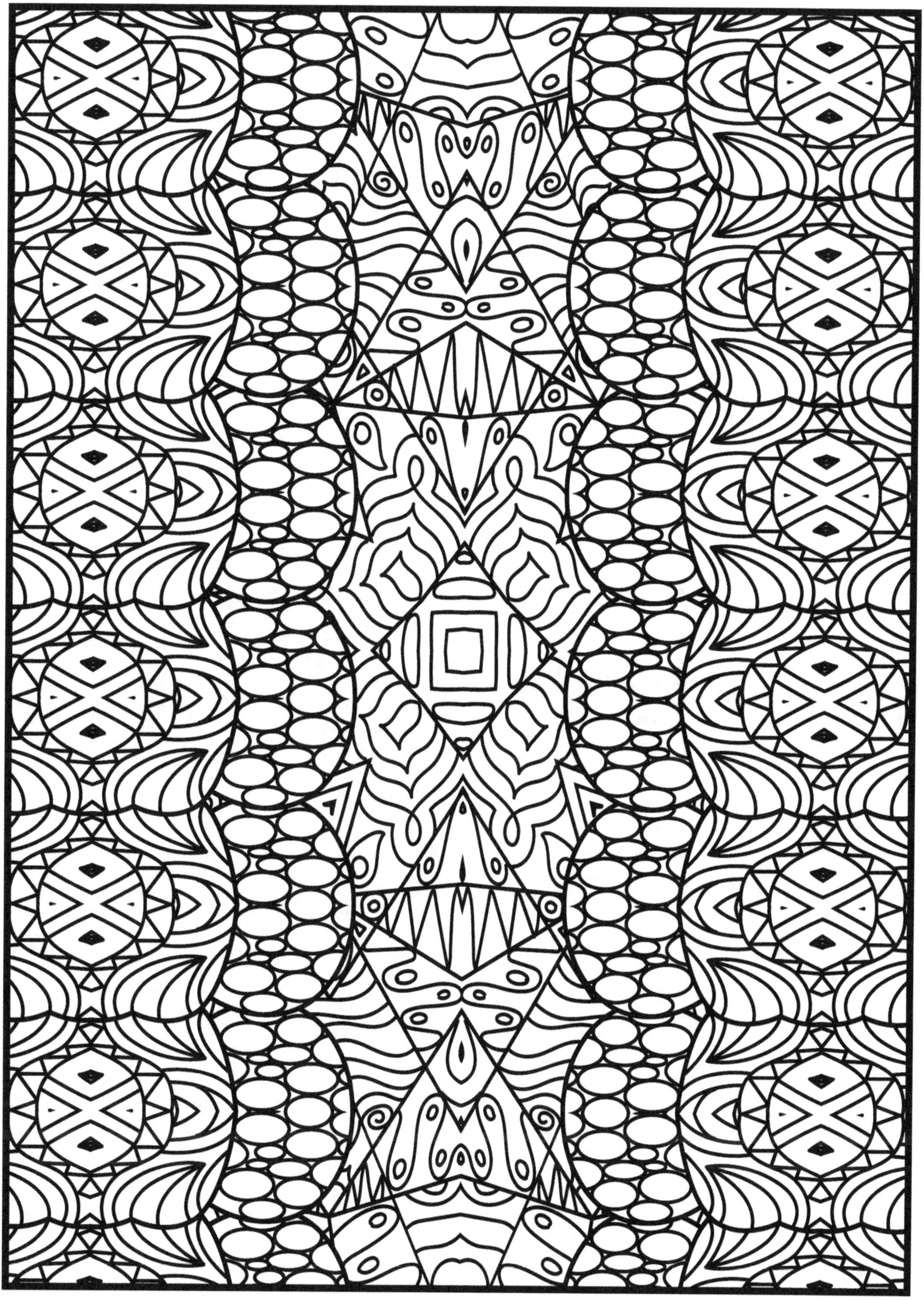

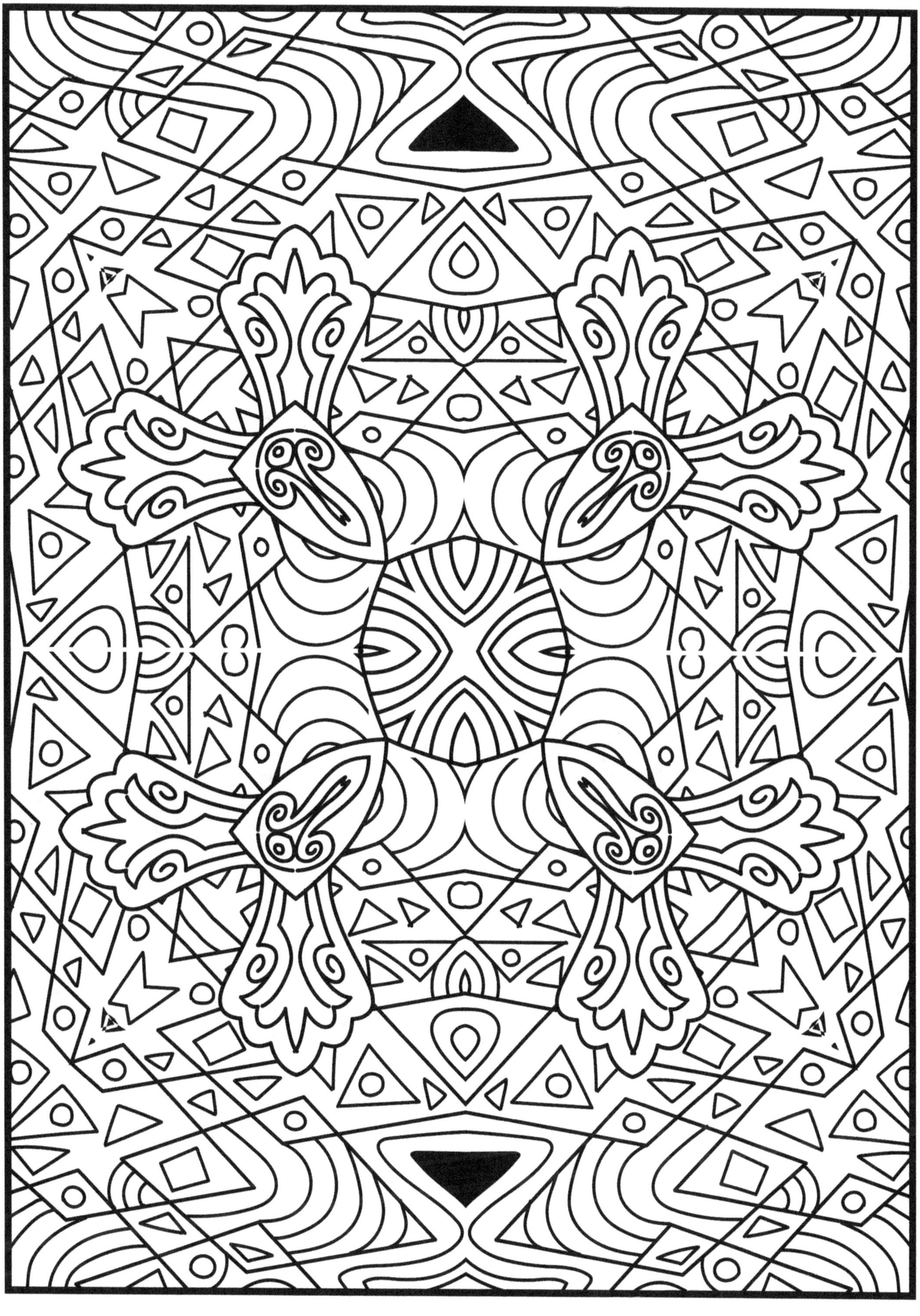

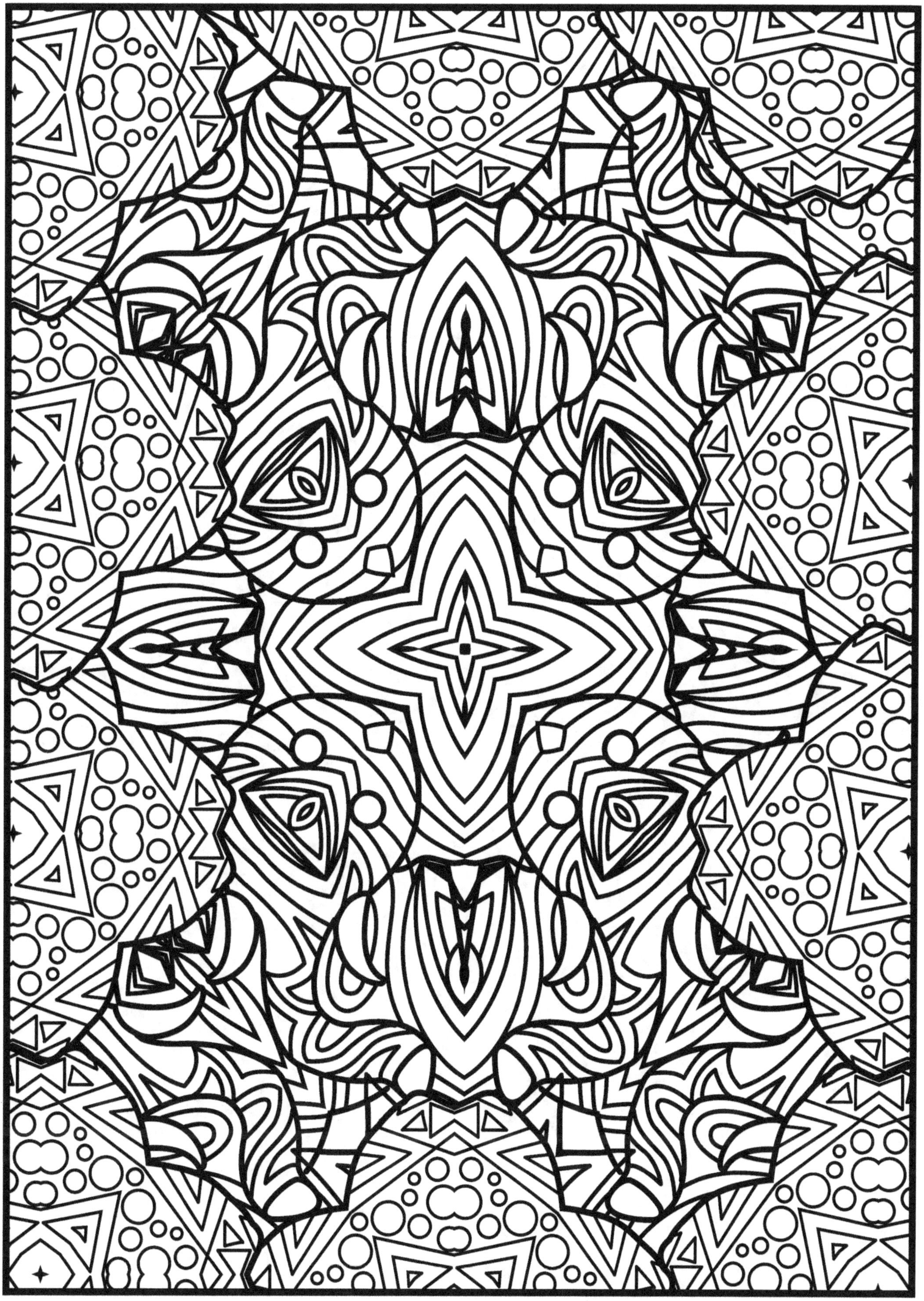

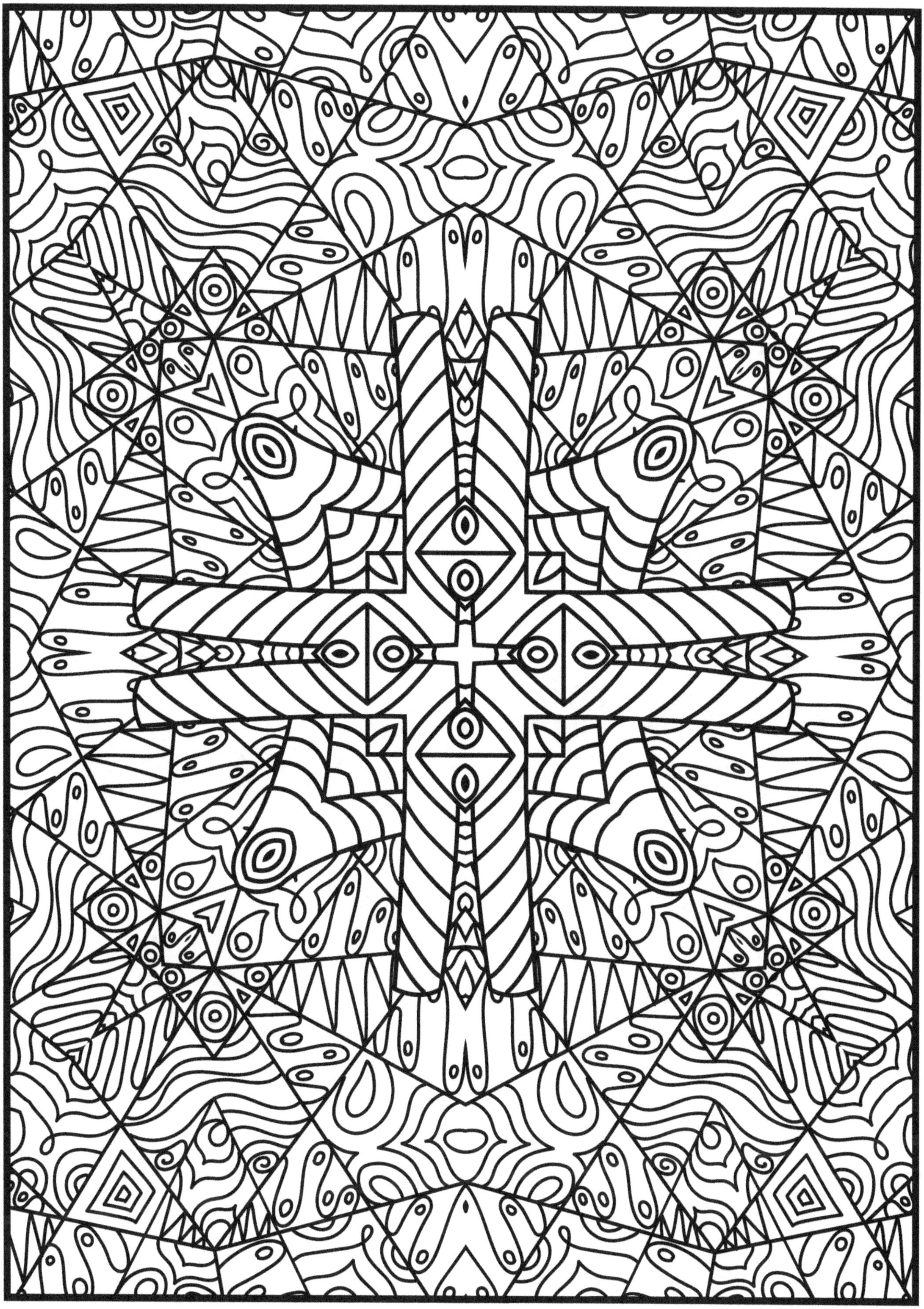

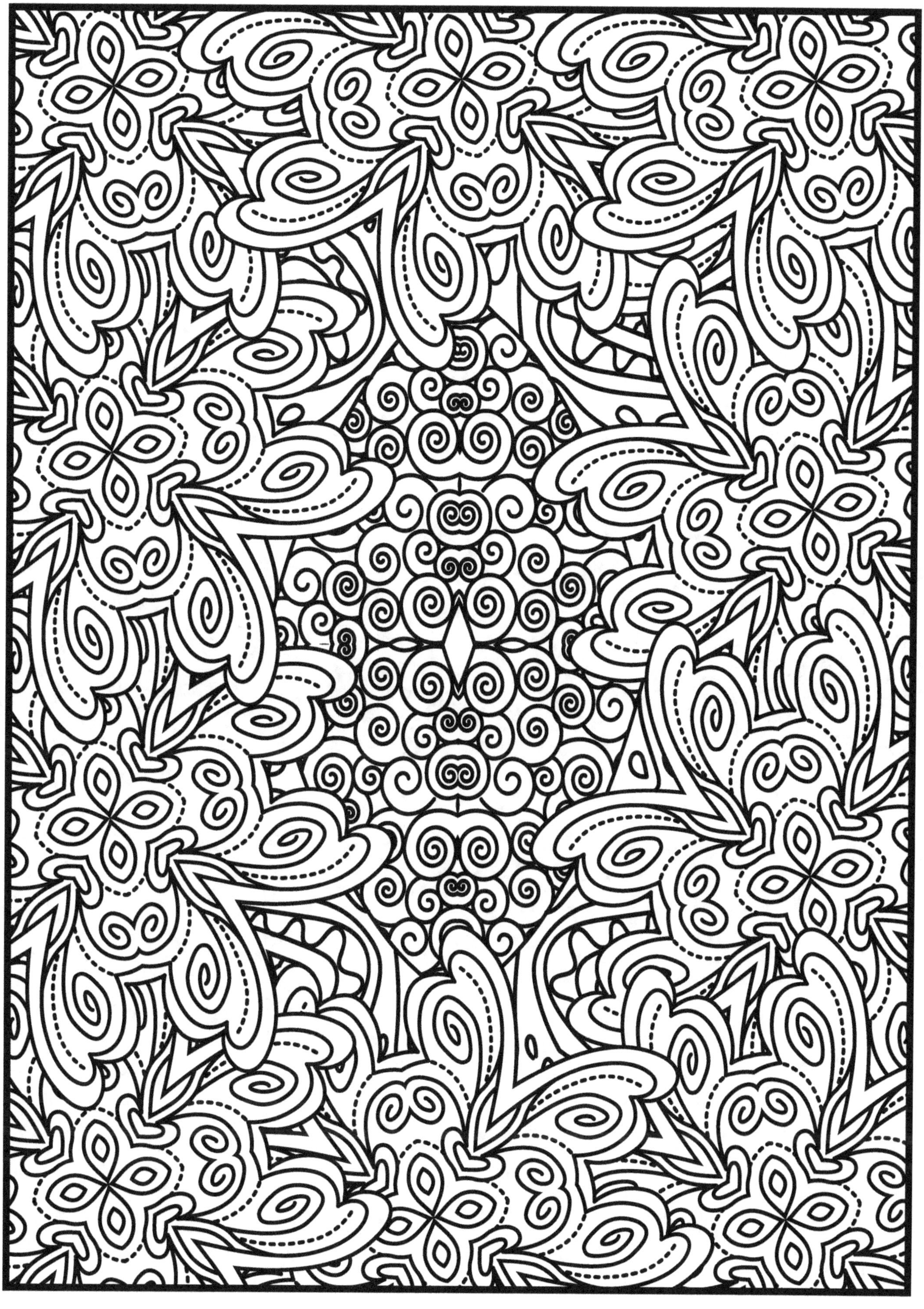

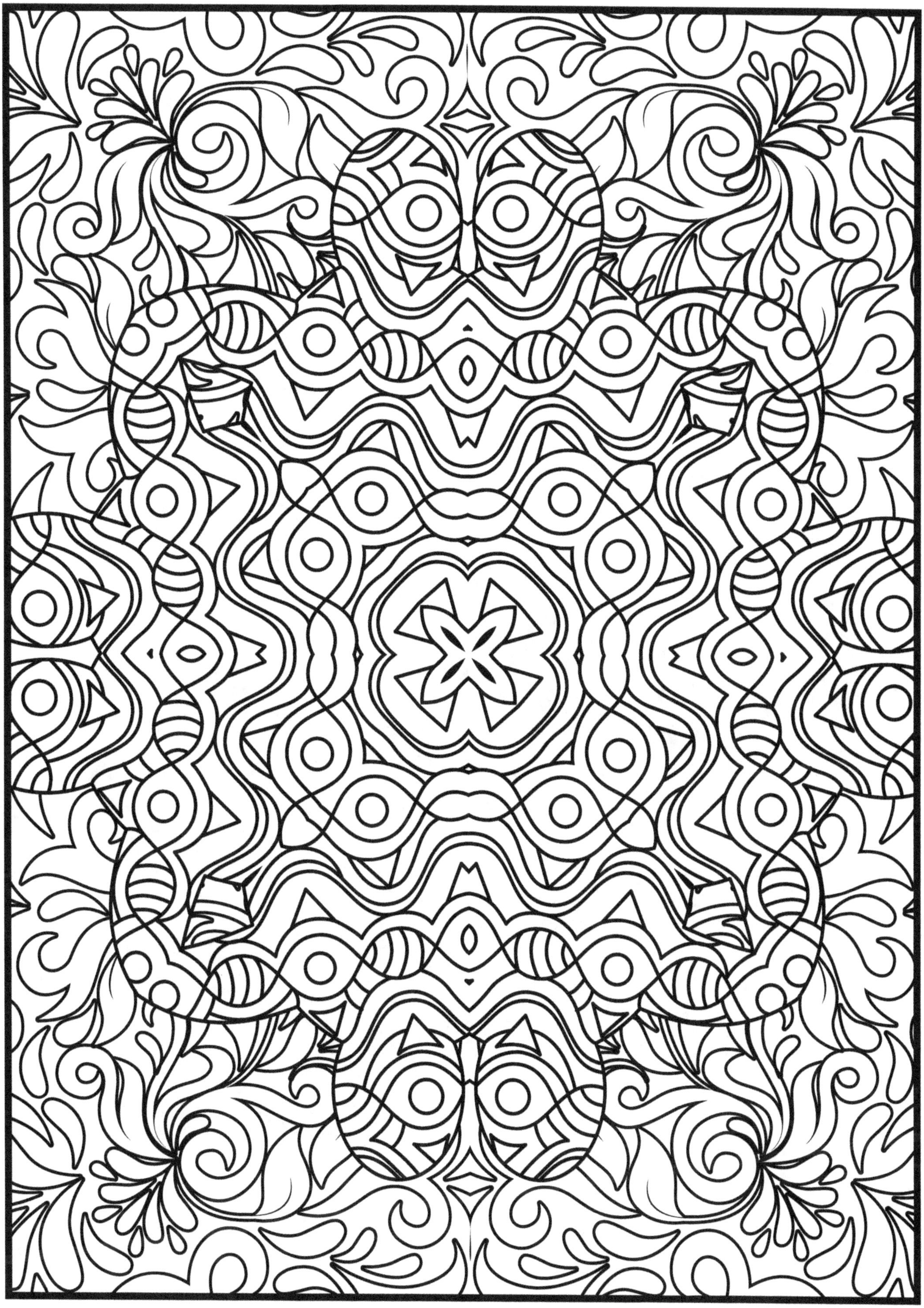

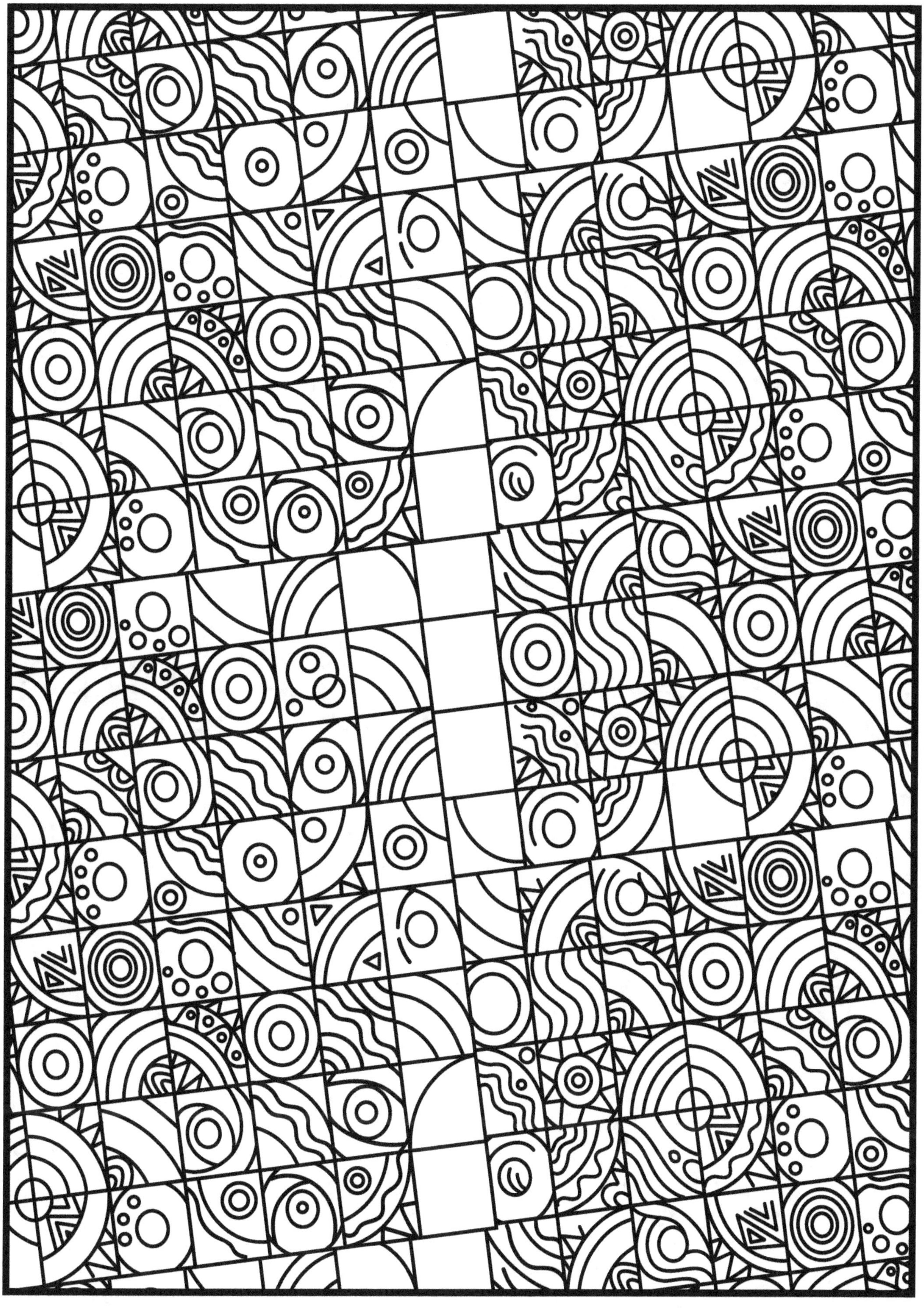

www.ingramcontent.com/pod-product-compliance
Lightning Source LLC
Chambersburg PA
CBHW082033190526
45166CB00020B/3492
* 9 7 8 1 5 1 9 5 9 0 4 9 7 *